U0611293

高效学习方法与思维导图实战

姚志学 ◎ 编著

清华大学出版社
北京

内 容 简 介

本书包括8章，第1章论述了学习的本质、学习的意义、学习的过程、当代三大学习理论之一的"认知主义学习理论"，以及关于记忆本质的最新科研成果，让大家了解学习的本质。第2~3章介绍了一种高效学习方法——思维导图，包括原理及其绘制原则和方法。第4章中，结合思维导图，介绍各种神奇的学习方法和记忆方法，包括"费曼学习法""记忆宫殿""康奈尔笔记"等。第5章从方法论走向实践，结合几个有趣的例子来教你如何制定高效的学习策略。第6~8章重点介绍了思维导图在学习和工作中的应用。

图书在版编目(CIP)数据

高效学习方法与思维导图实战 / 姚志学编著. — 北京：清华大学出版社，2018（2022.8重印）

ISBN 978-7-302-48902-3

Ⅰ.①高… Ⅱ.①姚… Ⅲ.①学习方法 Ⅳ.①G791

中国版本图书馆 CIP 数据核字(2017)第 287976 号

责任编辑：张立红
封面设计：邱晓俐
版式设计：方加青
责任校对：李跃娜
责任印制：刘海龙

出版发行：清华大学出版社
　　　　　网　　址：http://www.tup.com.cn，http://www.wqbook.com
　　　　　地　　址：北京清华大学学研大厦 A 座　　　邮　　编：100084
　　　　　社 总 机：010-83470000　　　　　　　　邮　　购：010-62786544
　　　　　投稿与读者服务：010-62776969，c-service@tup.tsinghua.edu.cn
　　　　　质 量 反 馈：010-62772015，zhiliang@tup.tsinghua.edu.cn
印 装 者：北京建宏印刷有限公司
经　　销：全国新华书店
开　　本：148mm×210mm　　　印　　张：7.625　　　字　　数：153 千字
版　　次：2018 年 4 月第 1 版　　　印　　次：2022 年 8 月第 3 次印刷
定　　价：48.00 元

产品编号：077272-01

前　言

在这个终身学习的时代，掌握了学习这门必杀技能，也就掌握了所有技能！谈到学习，大家可能对"思维导图""元知识""认知主义学习理论""记忆宫殿""费曼学习法"等有所耳闻，但始终没有形成完整的知识体系。本书写作的目的是以思维导图作依托，揭示学习的各种奇妙理论，进而引出各种学习方法，并在实际案例中教大家制定学习策略，进行高效学习。

本 书 特 点

- 对于想学习思维导图的人：本书从原理上讲解思维导图，并结合实际案例，让你快速学会思维导图并合理运用思维导图。

- 对于喜欢思考的人：聪明人总是对"元知识"充满了好奇，我也比较喜欢问为什么。聪明的你可以和我交流关于

"学习""知识""知识体系"等概念的看法和思考。

● 对于想成为"学神"的人：其实"学霸"和"学神"的差别就是思维模式和方法的差别，学会高效学习方法能让你事半功倍；转变原有思维模式，发现问题的本质，能让你学习更加深入。而"学霸"和"学神"之间差的就是一个思维导图。

● 对于想掌握高效学习方法的人：如果不了解学习方法的本质，而只是按部就班地学习，我们就会"走火入魔"。本书从原理推演再回归原理，走向实际应用，帮助读者找到适合自己的学习方法。

本书的内容安排

第1章　学习之道

本章从"道"的角度来讲述学习，揭示学习的本质；介绍了当代三大学习理论之一的"认知主义学习理论"，深入探讨了学习的过程，细致讲解了记忆的本质以及记忆的生物学基础。这些都是后面思维导图和学习方法的理论基础。

第2章　思维导图的理论依据

本章开始讲解思维导图知识，让读者了解思维导图是以什么样的理论为依据的，同时结合思维导图简单介绍"构建主义学习理论"。希望大家从本质上理解思维导图，从而正确认识、学习并应用思维导图。

第3章　从零开始掌握思维导图

本章所讲的关于思维导图的知识不仅是对前面学习理论的应用实践，也是后面学习的工具。通过本章的学习，你会发现思维导图作为一个思维辅助工具，其实很简单。

第4章　学习之术

本章介绍了一些高效的学习方法，读者可以在学习的过程中综合利用这些学习方法，制定出适合自己的学习策略。

第5章　综合学习实例

本章通过一些典型有趣而又实际的例子，让大家学习如何应用学习理论来指导学习。希望大家在实际操作中有所感悟，最终形成自己的学习方法，从而在今后的工作和学习中能够较快地制定出高效的学习策略。

第6章　Xmind操作实例

本章选了几个典型案例来带大家熟悉和应用Xmind，并教大家如何将Xmind运用到自己的学习中。后面还介绍了一个Xmind好玩的功能———头脑风暴。

第7章　思维导图在学习、生活中的应用

本章教大家如何运用思维导图学习、记笔记、做计划、管理知识体系、进行自我提升等。

第8章　思维导图在职场中的应用

本章教大家如何把思维导图运用于职场，比如如何做项目管理，做市场分析、决策，管理各种国家标准，等等。

适合阅读本书的读者

- 喜欢思考的人
- 热爱学习的人
- 想自我提升的人
- 思辨能力较强的人

本书由姚志学组织编写，同时参与编写的还有张昆、张友、赵桂芹、郭现杰、陈冠军、姚志娟、魏春、张燕、孟春燕、顼宇峰、肖磊鑫、李杨坡、刘春华、黄艳娇、刘雁、朱翠元、郭元美、吉珊珊、王若男、李幸、卫亚洁、郝芸、董天琪、苗琴琴、杨佳莺。

目　录

第1章　学习之道

第2章　思维导图的理论依据

第3章 从零开始掌握思维导图

第4章 学习之术

第5章 综合学习实例

第6章 Xmind操作实例

第7章 思维导图在学习、生活中的应用

第8章 思维导图在职场中的应用

第1章　学习之道

本章作为本书的第1章，从"道"的角度来讲学习，揭示学习的本质。通过"认知主义学习理论"深入探讨学习的过程，最后细致讲解了记忆的本质以及记忆的生物学基础。这些都是后面章节中讲述思维导图和学习方法的理论基础。

1.1 论学习

谈到学习，很多人第一反应肯定是"又要考试了""别人家的孩子又考第一名了"。可就算你是那个"别人家的孩子"，你也同样会觉得学习真烦，考试真烦。

在学习之前，大家首先要转变自己的学习观。学习其实是很有"味道"的，这个味道不是简单的乏味、痛苦、无聊，但也不是被极端鼓吹的有趣、充实或者快乐。这个味道，只有真正静下心来，深入学习，才能懂。在学习的某一刻，你也许会有一种顿悟超脱的感觉，会觉得这个世界好透彻，一切无比美好。学习虽然会有痛苦，会有无聊，但也会有趣，也会充实快乐。学习是很有味道的，你要相信这种"味道"的存在，真正静下心来学习时，你就会体会到。

关于学习，我想让大家有一个总体的认识：学习很重要！

不论哪个时代，机会总是垂青有准备的人。文凭很重要，是你步入社会的敲门砖，但比文凭更重要的是能力，而比能力更重要的是平台，想往更高的平台发展你得有足够的能力与之匹配，而能力就得靠学习获得。人这一生有很多次改变自己命运的机会，就看你有没有足够的能力去抓住这些机会。当幸运女神眷顾的时候，不要说你还没有准备好，所以，学习吧！

关于学习的本质，每个人有自己的见解。很多人从心理学、神经学、脑科学等不同角度对学习下了定义，我从自身发展的角度给学习下一个定义：学习是一种成长，是个体为了适应环境谋求更好的发展。

这里所说的成长是在与环境交互作用中不可逆的改变，这种改变是为了适应环境，为了更好的发展。比如说，小时候为了表达自己的不满，就要学会哭，父母听到哭声后就会想你是饿了、困了还是想拉屎屁？虽然表达得含糊不清，但父母会满足我们。这就是说一个刚出生的婴儿如果不会哭是活不长的，因为他没办法适应环境，没办法生存。再后来，为了更好地适应环境，我们学习语言，运用语言，这样我们可以更准确地表达自己的不满，是饿了还是渴了。长大后，发现表达不满单纯用嘴说的话，听到的人是很少的，于是就学习写文章，以便让更多的人知道，谋求更好的发展。

在这个成长的过程中，我们为了适应环境，做出了行为上的改变，而行为上的改变往往和思想的改变是相关联的。而思想的改变是潜移默化的，其中最浅的一层是意识上的，这和行为直接相关联。俗话说的"初生牛犊不怕虎"，是因为牛犊在思想上没有认识到虎的恐怖，很多人胆大是因为无知，当意识到虎的恐怖时，下一次遇到虎就会做出逃跑的行为，而这种意识不断强化就会形成潜意识。而潜意识就是在从有意识到无意识的阶段产生的，当我们形成潜意识后，对于像虎一类的东西也会不自觉地产生恐惧，并做出逃跑的行为。而把潜意识内化之后就是思想境界，当达到某种思想境界时就不论有意识还是无意识了。

当我们的学习从行为到意识再到思想，不断地和环境交互，最终强化到一定境界时，人生也就达到了一种通透豁达的境界，此时就真的与环境完全融为一体，物我同化了。这就是我后面要说的学习的最后一个阶段：融合。

1.2　认知主义学习理论

没有底层基础是无法构建上层建筑的，谈学习方法也需要理论支撑。在心理学范畴里，学习分三大理论，在此着重讲一讲认知主义学习理论，再结合思维导图简述构建主义学习理论，对行为主义学习理论本书不做探讨。

💡 1.2.1　克勒的顿悟说

认知主义学习理论是继行为主义学习理论之后的又一大学习理论，其理论起源于一只黑猩猩的摘香蕉实验。

黑猩猩的头顶有香蕉，但它够不着，脚下有短棒而且很多。此时的黑猩猩面对触不可及的香蕉和触手可及的短棒，它的内心是崩溃的、知觉是混乱的，毕竟它又不吃短棒。

突然有一天，黑猩猩脑袋瓜子一亮，发现了短棒和香蕉的关系，拿起短棒"啪啪啪"几下就把香蕉敲下来饱食了一顿。这就是一个"顿悟"的过程，其间并没有外界的刺激和强化，而是在意识里形成关联，从而作出反应。再后来，如果把黑猩猩关到笼子里，在它够不到的地方放上香蕉，黑猩猩也会使用类似于短棒的工具去摘取香蕉。在没有短棒的时候，黑猩猩还会把箱子堆叠起来摘取高处的食物。这时的黑猩猩在原有认知（用短棒摘取高处的食物）的基础上重新建构和应用，从而形成了新的认知结构（会利用其他工具摘取食物）。

这就是著名的认知主义学习理论的起源——克勒的顿悟说，其理论源于德国格式塔心理学派的完形理论，"格式塔"的含义是完形，指被分离的整体或组织结构。格式塔学派认为每一种心理现象都是一个分离的整体，是一个格式塔，是一种完形（这和后面章节讲到的构建思想有异曲同工之妙）。人脑对环境作出的反应，形成一种组织或完形，即顿悟，其过程就是学习。就上面的例子来说，黑猩猩通过顿悟形成了"格式塔"或者说"组织结构"，这个"格式塔"即黑猩猩明白了短棒可以用来摘取香蕉，进一步形成了更高级的"格式塔"，就是它明白了当自己做不到时，可以利用外界工具达到目的。格式塔是一种分离的整体，它可以被单独分割出来，但仍然具有整体性，并且是一步一步建构出来的，从而让认知结构无限增大形成认知体系；而其最小的组织结构即认知结构，这是认知主义的核心要义。

如图1.1所示，即格式塔形象化图形。体会一下什么叫分离的整体：你在图中看到一个三角形，而这个三角形是被分离的，但你依然可以看到一个完整的三角形。

图1.1　格式塔

这一理论，克勒历时7年，以黑猩猩为对象进行了18次实验才完成，发表于《猩猩的智慧》一书中。该书有两个主要观点：一是，学习是组织和构造一种完形，而不是刺激与反应的简单联结（猩猩并没有受刺激就学会了使用短棒）；二是，学习是顿悟的过程，而不是通过尝试错误来实现的（猩猩学会使用各种工具）。

💡 1.2.2　托尔曼的认知—目的论

我们先来看一个小白鼠走迷宫的实验，如图1.2所示。

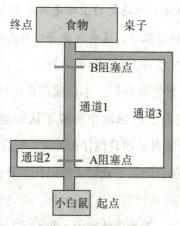

图1.2 小白鼠走迷宫

从起点到终点有三条通道，通道1、通道2和通道3，它们的距离是逐渐增加的，在终点处有食物。实验开始时，小白鼠在起点，然后让它自由地在迷宫中探索。假设你就是那只小白鼠，而我们的生活就是迷宫，我们常常会在生活中迷失方向，而只有当我们选择了正确的道路时才能更快地到达目的地。在人生的选择中，选对了，你就事半功倍；选不对，你就事倍功半。

小白鼠选择了通道1，就可以很快地到达目的地吃到食物；选择了通道2就会慢一点；而如果选择了通道3，它即使跑再快，可能食物也早已被选择通道1的小白鼠吃掉了。

实验开始：

如果我把A口堵住，你会选择哪条路？答案肯定是通道2，这样会更快。而如果我把B口堵住，你会选什么？通道2还是通道3？是的，小白鼠和你一样，选择了通道3，尽管通道2比通道3更短，但B阻塞点堵住通道1的同时把通道2也堵住了。你为什么会选择通道3呢？闭上眼睛，你选择的依据是不是脑海中的图1.2这幅迷宫地图？如果没有经过探索，没有在脑海中形成迷宫地图，你是不是还得去实验，不可能马上就选择通道3？

这个实验就是要告诉我们：小白鼠在自由活动的时候进行了学习和认知，并在自己的脑海中形成了认知地图，所以这个时候不需要你去刺激或者采用其他什么方式，它自然会选择通道3，而推动小白鼠认知的目的就是食物。所以托尔曼认为，学习就是期待的获得，学习者有一种期待的内在状态，推动学习者对达到目的的环境条件产生认知。作为个体来说，我们的行为都是为了达到某个目的，因此要学会达到目的的手段。

托尔曼的学习目的和学习认知概念直接来自格式塔学派的完形说，吸取了完形派思想中某些积极成果。我们也可以简单地理解为认知结构从"格式塔"到了"认知地图"，格式塔强调整体性，而认知地图更加强调目的性。

除此之外，托尔曼还有一个潜伏学习说，也是以小白鼠做的实验，在此不再具体论述，大家可以作为一个小作业来学习和认知。时刻保持对这个世界的好奇，能够推动你对这个世界的认知。

💡 1.2.3　皮亚杰认知结构理论

相比较而言，克勒和托尔曼的研究都只是认知主义学习理论的起源阶段，只有皮亚杰才真正将认知结构理论发展起来。前面两位都是研究动物而得出的结论，而皮亚杰的研究对象是人。

皮亚杰作为认知主义的杰出代表，极大地发展了认知主义学习理论。我们先来看皮亚杰的主要理论内容。

皮亚杰认为智力的本质是适应，可以理解为：学习是为了主体和环境的适应，通过学习能够获得智慧，智慧就是高级适应。他用四个基本概念来阐述他的适应理论和构建学说，即图式、同化、顺应和平衡。

图式可以理解为狭义的认知结构。从黑猩猩到小白鼠再到儿童，认知结构从格式塔到认知地图再到现在的图式，虽然本质上都是认知结构，但几个概念还是有区别的。格式塔是一种分离的完形，考虑到了整体，是静态的；认知地图，不仅强调了整体还强调了目的；图式更加强调组织结构。广义的认知结构是一个动态构建的过程，从原始的图式到高级的图式。这里要说明的是皮亚杰的图式理论同样适用于构建主义学习理论，而构建主义学习理论就是在认知主义学习理论基础上发展的；两者虽然都强调认知结构，但构建主义更加强调环境和主体的交互作用，认知结构是在这个交互过程中的动态变化。皮亚杰广义的认知结构是以图式、同化、顺应和平衡的形式表现出来的。

同化是主体将环境中的信息纳入并整合到自己已有的认知结构的过程。同化使得图式得以发展，发生在与主体环境交互的过程中。

顺应是当主体的图式不能适应客体的要求时，就要改变原有图式，或创造新的图式，以适应环境需要的过程。同化是把外部信息整合到图式，使图式有量的变化，而顺应是使图式去适应外部环境，使图式有质的变化。同化表明主体改造客体的过程，而顺应表明主体得到改造的过程。同化和顺应建构新知识，不断形成和发展新的认知结构，是图式不断变化的两个过程。

平衡是主体发展的心理动力，是主体的主动发展趋向。图式构建的目的就是主体与环境在交互作用中达到动态平衡，所以平衡是图式构建的驱动力，也是目的。

以上内容为皮亚杰的主要理论成果，为了便于大家理解，我们用叙事的方式精简地说明皮亚杰的研究过程，而事实上，皮亚杰的研究过程远比这个复杂和艰难得多。

初生的婴儿在他饥饿的时候都会去吮吸乳房，而这个动作没有任何人教他，是他本能的动作，这个本能动作可以称作原始的图式。不舒服了会哭、困了会睡、醒了会拉**㞎㞎**，这些都是原始图式，此时的婴儿对于自己和客观世界并没有清晰的界定和认知。随着年龄的增长，图式也开始逐渐变化，同样还是吮吸的动作，但他的客体和主体意识逐渐清晰，他开始意识到乳头是妈妈的，嘴是自己的，嘴想张就张，而乳头却不是想吸就能吸到。不过此时他还没有形成概念，无法做出区分，你给他一个手指，他也会去吮吸，要是饿了又吸不到奶，小家伙连自己的手指也会吸。随着婴儿大脑的发育，"乳头"作为主体以外的形象会在他的脑海中产生，图式开始内化，这个时候你给他一个手指，他能发现这个吸不出奶，就不会吸了，小家伙已经有了简单的意识。婴儿再慢慢成长，就会产生乳头的概念，与形象不同，形象是外界在主体脑海中的映射，而概念是基于映射主体对外界的描述，也就是说认知结构初步形成，随着成长，概念开始慢慢地形成，有了对外部世界的描述语言，饿了，他便会说"奶奶"了，而不再是嗷嗷大哭。

随着概念的形成，基于外界的联系，概念和概念之间开始有了转换、推理，也就具有了抽象思维和逻辑思维。至此，认知结构由原来的原始图式发展成了基本的认知结构，一般理解图式为基本认知结构的基本单元（也就是狭义的认知结构，不包含动态构建过程），在此基础上同化、顺应达到平衡后形成新的图式。

当婴儿在认知中有了"乳头"这个形象时，他对于这一形象的描述却是模糊不清的：可能描述为"奶头子"，那这小家伙多半是农村来的；若描述为"papilla"，那就是个外国人。但当主体所生活的外界环境对于这一形象的描述就是"乳头"时，小家伙为了自己更好地适应环境，也会把自己脑海中这一形象称为"乳头"，不然下次他要喝奶，说的却是"@￥#%￥……￥￥……"，那他就只能挨饿了。这个认知结构的形成过程就是同化，是对客体环境的吸收与接纳，从而更好地适应环境。

而当他从母亲的乳头到父亲的乳头时，原有的认知结构的平衡将失去稳定。在原来的认知结构中，乳头不小，而且有奶，突然出现一个又小又硬又没有奶的乳头后颠覆了婴儿原有的认知，他不得不重建和修改原有的认知结构来达到新的平衡。这个过程就是顺应，是对客体环境的妥协，以达到新的平衡。当对乳头认知结构重建和修正后，他认识到父亲的乳头是没有奶的，不能吸，饿了只能吸母亲的乳头，认知达到平衡，小家伙就可以放心地吸奶了。

之所以要讲这么细，是因为皮亚杰的图式理论是构建主义学习理论和认知主义学习理论的核心，同时也是本书的主要理论依据。而皮亚杰耗费了四十多年的时间才做出这些杰出的理论贡献，他值得我们尊重。同时不论是理论研究还是研究理论的方法，皮亚杰在儿童心理学的研究方面也有杰出的贡献。

💡 1.2.4 布鲁纳认知发现说

布鲁纳受到"完形说"及托尔曼、皮亚杰等人思想的影响，是集大成者。他认为学习是一个学习者主动形成认知结构的过程，这个过程不能简单地说成一个黑匣子。

托尔曼、皮亚杰所谈的认知基础是知觉上的，而布鲁纳的理论是真正地对人类学习进行研究而得出的理论，是一种抽象思维水平上的认知，同时他还批判地继承了杜威的教育思想。

首先，布鲁纳阐述了学习的实质，在他看来学习就是一个主动形成认知结构的过程。这里有两层意思：一是主动，学习是一个主动的过程，要充分地发挥主观能动性，这也是本书一直强调的；二是认知结构，整个认知主义一直在强调认知结构，但又不尽相同。布鲁纳所说的认知结构是指人对外界事物进行感知、概括的一般方式或经验所组成的观念结构，是一种在内在和外在交互的过程中所形成的规律总结。布鲁纳把这个结构看成一套编码系统，这一套编码系统是一个人把同类事物联系起来，并把它们联结成具有某种意义的结构，所以这个知识结构是联结知识点之间的一种关系（后面章节关于"经验"的阐述就是基于此的）。这种各部分存在联系的知识，能够使人超越给定的信息，举一反三，触类旁通，而要产生这种结构就需要构建知识体系。因此，布鲁纳十分重视认知结构在学习中的作用，认知结构的形成是我们进一步学习和理解新知识的重要内部因素和基础。

1.2.5　布鲁纳的学习过程及认知阶段

他把学习分为三个过程，分别是获得、转换和评价。举编程的例子进一步说明这三个过程。

首先，要发挥主观能动性。你要对计算机语言感兴趣，不论是C语言、C++，还是java，就算你对计算机语言不感兴趣，你对钱感兴趣就好，毕竟现在程序员太吃香了，这样你才会主动地去认知，去学习。

其次，是形成认知结构。第一步就是获得，先弄懂int、if是什么意思，二进制、十进制、十六进制的概念，获得的过程就是把外界的客观存在内化到自己的主观认知中。在获得的同时也伴随着知识的转换过程，不论是把计算机语言转换为你自己的语言还是把你自己的语言转换为计算机语言，总之，就是要听懂计算机的语言，同时也要计算机听你的话，才能够运用编程实现你自己的想法。这也是一个思维方式改变的过程，从"如果"到英语的"if"，从英语的"if"到计算机的"if"，我们因为信息的不断输入，使得原有的认知结构转换、重组从而形成新的认知结构，同时也伴随着思维方式的改变。讲到这里，我想起一个笑话，话说一个程序员下班回家，他的妻子告诉他回家的时候买一斤苹果，如果看到西瓜就买一个，结果程序员买了一个苹果回家。

这是思维方式的不同：正常人的思维是，买一斤苹果，如果看到西瓜，再买一个西瓜；而到了程序员这儿就成了"n=买一斤苹果，if（看到西瓜）n=买一个苹果"。显然，这个程序员在真实世界生活的时候还是用的编程思维，如果他不对自己的思维进行修正，就只能跪搓衣板了。所以我们要对自己的认知结构进行评价，而评价就是为了修正，从而更好地适应。这便是学习的三个过程：获得，转换和评价。

认知发展有三个阶段，分别是动作式、映像式和象征式。

- 在动作式阶段，学生主要通过运用适当的动作来认识、再现外界事物的特征，通过自己做和看别人做来学习。

- 在映像式阶段，学生开始有了一定感悟，显示出环境中的经验构成内在的表象的能力。他们通过形象，包括视觉图像或其他感觉表象对世界进行表征。这一阶段，他们对自己所做之事有了自己的直觉和认知，形成了自己的认知结构。

- 在象征式阶段，学生能够借助语言或其他符号系统来储存或提取大量信息，借助符号进行推理、解决问题，并最终提出假设。这一阶段最显著的特征就是能通过语言文字的阅读来弄明白知识，是抽象思维层面的认知。

我们以学习素描来举例说明这三个阶段。

首先，找支笔，找张纸，然后就开始画，或者模仿别人画，这就是动作式阶段，主要看模仿。

慢慢地，你就会有一定体会，开始思考角度、线条、光线等，形成了一定的认知。当要表现一个东西时，你开始运用自己的感知思考着去画线条，找角度。这需要一定的天赋，能够进行抽象的思考，这就是映像式阶段。

当然我们还可以直接参看素描方面的教程，通过阅读文字来弄明白透视原理、影调等概念，经过一段时间学习和练习后，基本上可以画得像模像样了。这个时候就到了象征式阶段。

我们可以看出这三个阶段并不是绝对分开的，而是彼此联系的，如同上面所说的绘画，你要画、要模仿、要看教材，三者结合起来才能学好。

1.2.6 布鲁纳的发现学习法

在本节中介绍布鲁纳的一个学习方法：发现学习法。

布鲁纳认为，学习了解一般的知识、原理、概念固然重要，但最重要的是发展一种探索新知识的态度，即应用自己的能力来解决新问题或发现新事物的态度。学习是一个过程，而不是一个结果。

发现知识并不是要求学生去寻求那些人类尚未知晓的事物，而是让学生学会亲自去体验获取知识的过程。

发现学习的教学模式是教师不把知识直接呈现在学生面前，而是让学生自己通过一系列的探索行为去发现并获得所需要掌握的学习内容。也就是说，学生在学习过程中必须经过自己主动地探索和寻找，才能获得知识。

学习应该是一个过程，但是仔细想想，你会发现探究一个已知的知识来达到学习的目的，这将耗费多少时间、多少精力。我们现有的知识是无数伟人经过漫长的岁月积累的，一个人又怎能再学一遍？但是在初级学习阶段，特别是在中小学，发现学习的教学模式却显得尤为重要。如果中小学生在学习之初对知识充满渴求和探知欲望，那么对他们今后的学习将是一笔宝贵的财富；否则他们无法在学习的高级阶段接受更多的知识和更多的信息。不过，我还是希望大家对这个世界充满好奇，因为这个世界还有很多未知等待着我们去探索。

最后总结一下，虽然说是重头戏，但你阅读之后肯定会觉得我说的你都懂，没什么"干货"，什么动作式不就是动手，什么映像式不就是思考，什么象征式不就是阅读，有必要搞得那么"高大上"吗？确实，只要是具有一定思考能力的人都能得出类似的经验总结。布鲁纳确实没有揭露内在的认知结构，但他的方法总结还是具有普适性的。而且，他是基于数据和理论研究得出的，更具权威性，所以大家在学习的过程中不妨参考一下，对自己的学习进行修正，从而得出自己的方法。

💡 1.2.7　奥苏伯尔的认知同化论

奥苏伯尔与布鲁纳一样，同属认知结构论者，都认为"学习是认知结构的重组"，相比较而言，前者更偏重于教学研究，对于学习，他认为学习的材料是至关重要的，可以作为引导学生形成认知结构的媒介，在教学当中应该被安排得当，这也是我非常赞同的。一本好的教材能让学习者事半功倍，而一本烂的教材甚至会把学习者带偏。

奥苏伯尔还提出两个重要概念，一个是机械式学习，另一个是有意义学习，所谓的机械式学习是死记硬背式的学习，有意义学习是指能理解弄懂，并形成自己的认知结构。

"有意义学习"中的"意义"包含两层意思：一方面想要有意义的学习，就必须理解认知，弄懂其内部的联系和意义，从而形成自己的认知结构；另一方面是一种评价标准，当你真正弄懂一件事的时候，你会感受到的一种"意义"，一种很充实的感觉。是否掌握一个知识点，就看你有没有真正理解并清楚这个知识点的意义所在，如果你弄明白了知识点的意义和价值，那就是在进行有意义的学习。总之，学习要弄懂学习内容的意义。

💡 1.2.8 加涅的学习条件论

加涅本身是一位受过严格的行为主义训练的心理学家，他后来又吸收了信息加工心理学的思想和建构主义学习理论，从而形成他自己的一套理论。可以说，他是集众家之长而自成一派，他的理论具有理论性和操作性。

从加涅对学习的定义也可见一斑：学习是一种将外部输入的信息转化为记忆结构和以人类作业的形式输出的过程。他分别强调了外部输入、内部转化和作业输出，并且形成记忆结构，所以说他是集大成者。

外部输入主要指的是外部输入刺激的结构和形式，例如，学校这个外部刺激是指学校的课堂形式、教材结构、教学设施等对于学生学习而言的外部条件。

内部条件主要指的是诸如智商、性格特质、已习得的技能、形成的认知结构、学习动机等，这些都是学生能否更好更快地进行学习的内部条件。

而只有在内部条件和外部条件之间达到一种平衡时才是最好的学习，每个人都有各自的天赋，要充分发挥每个人的天赋。从教学的角度，要注意因材施教，发挥所长；从学生的角度而言，也要因材"求"教，对自己有一个清楚的认知，找准方向再好好努力。

这便是加涅的学习条件论，学习要时刻注意内部条件和外部条件，要寻求一种平衡。

1.2.9 加涅的信息加工学习理论

加涅认为学习是一个信息加工的过程，是从外部刺激到内部转化的过程，可以分为八个阶段。

1. 动机阶段。所谓动机就是一种倾向、目标，或者说期望。作为学习者，这个世界有很多东西需要学习而又有太多东西是我们一辈子也学不完的。所以这个动机给了我们筛选的权利，让我们只学自己想学的，而我们学习就是为了适应环境，并能更好的发展。

2. 领会阶段。这个阶段是初学阶段，如同阅读一本书的第一遍，你对书本知识有了一个大概的了解，知识也是这样，你对所学的知识有一个直觉性和纲领性的认识，做到在学习时心中有数。

3. 获得阶段。这是学习最重要的阶段，从内在来讲，认知结构初步形成，知识体系逐步完善；从外在来讲，大脑对于外部的信息进行编码并存储起来。

4. 保持阶段。这一阶段强调的是对经过编码存储的知识加以巩固、增强和保持。很多人会忽视这一环节，以为学会了就行，其实还没有真正学到。要想真正学到还要对知识不断地巩固练习，做到得心应手，信手拈来，这样知识才能形成稳定的结构根植于你的心中。

5. 回忆阶段。这一阶段不是让你去回忆，而是要求你对于学到的知识能够有某种形式的输出，让知识重现，内化为自己的东西，渗透到骨子里。

6. **概括阶段**。这个阶段是进一步对知识提炼和输出，要把所学知识进行迁移，能够做到举一反三、融会贯通。而所谓的概括，最好的解释就是用自己的话把所学的东西清楚地表达出来，越简单越好。

7. **操作阶段**。该阶段开始真正输出了，概括阶段只是在内部简单应用，操作阶段就要实际表达了，以人类作业的形式，或者就是以作业的形式。比如，现在合上本书，闭上眼睛，慢慢回忆这七个阶段，用心体会，然后用自己理解的语言表达出来，写在纸上，这是一个小作业，请你现在完成。

8. **反馈阶段**。反馈是学习的最后阶段，是检验、校对、强化的阶段，看你所学的知识是否正确，理解是否到位，哪些地方没有吃透，慢慢完善，让自己的知识结构更加完美稳定。上面的小作业希望你认真完成，现在看一遍你刚才写的七个阶段，再把第八个阶段也加上。

在这一节中讲述了认知主义学习理论，那么你对"认知主义学习理论"的学习到了哪个阶段，"领会阶段""获得阶段"还是"保持阶段"？反过来说，如果你要学好这一理论还需要哪些阶段，你觉得这八个阶段是否都是有意义的或者说必需的？这就是一种反馈和检验。

接下来我们来回答上面的问题。

首先，就学习本书而言，大家的动机是学会一种认知策略，所以这里就有了一个定性的认识。就"认知主义学习理论"这一节的学习阅读而言，我想大家动机肯定是有的，那就是要弄明白学习的内部原理。这就是要达到的目的，到此可以说大多数人都走到第二阶段，即从"动机阶段"到"领会阶段"。如果你走到第三个阶段"获得阶段"，那你已经是很优秀的学习者了，而真正优秀的学习者，看过这一节内容之后，应该说八个阶段都已经基本完成了。为什么明明大家都只看了一遍，有些人只到了第一阶段，有些人到了第二阶段，而有些人都走完了？结合上面的小作业体会一下，在第七个阶段，我布置的小作业，让你去体会、回忆，并且用自己的话在纸上概括表达。我的目的是让你去走前七个阶段，但是即使布置了作业，有些人也没有去完成。这一类人的学习就只走到第二阶段，而有些人比较聪明，可能无意识地在理解和记忆，所以阅读一遍后基本上就掌握了。而真正厉害的人是从阅读本书开始，手边就有一张纸、一支笔，每一节结束都会去回忆、去概括、去总结，当下一节结束的时候还会对上一节概括、操作和反馈，所以有的人确实是八个阶段都走完了。

就认知主义学习理论的学习来说，作为一种学习的基础理论，它的可操作性是不强的，所以在第七个阶段"操作阶段"，就显得不是很有意义，能做的就是慢慢地体会，在后面的学习中来检验这些理论是否对你有用。

除上述学习阶段的划分外，接下来再讲述加涅对于学习结果的分类。

加涅早期将学习从低级到高级分为八类，它们分别是：信号学习、刺激反应学习、连锁学习、语言的联合、多重辨别学习、概念学习、原理学习、解决问题。1977年，加涅在《学习的条件》一书中指出，这个八类学习的划分方式仍然不适合学生的学习。于是他根据学生学习的特点，又提出了一种五种学习结果的划分方式：语言信息、智慧技能、认知策略、动作技能和态度。

根据字面意思理解，语言信息是指语言、文字、符号、概念等学习和认知；智慧技能其实是内化的能力，能够弄懂其中的原理，并且能够思考和解决问题，当然还有更高级的智慧，是对于这个世界的通达；认知策略即学习方法，或者是与认知相关的。动作技能和态度就不用说了，动手能力，看你表现怎么样。

本书是关于认知策略的学习，是学习知识的认知，而我们学习的目的是要获得智慧技能，这一点在后面会进一步探讨。

💡 1.2.10 海得和韦纳的归因理论

归因理论是探讨人类行为的原因与分析因果关系的各种理论和方法的总称，它试图根据不同的归因过程及其作用，阐明归因的各种原理。所谓"种瓜得瓜，种豆得豆"，学习也是这样的，不要以为看了本书就能修炼成"学霸"。本书作为方便法门，为大家提供各种学习思路和策略，但如果不去辨证、不去思考、不去实践，那也只不过是一本休闲娱乐的厕所读物罢了。

归因理论不仅仅是讲学习的，把它放在这里更像是对认知主义学习理论的一种宏观的反思和总结，因果循环其实已经很好地说明一切了。就学习而言，归因理论认为四种因素影响学习结果，分别是：能力、努力程度、任务难度和机遇。

大家可以结合自己的学习经验试着去体会一下，你学得好的东西是不是可以归功于以上四种因素，哪些因素又是你欠缺的？

💡 1.2.11　总结评价

对认知主义理论的学习算是全部结束了，我给大家总结一下：

（1）认知主义理论承认外界的刺激和内部的反应，同时注重认知过程以及认知结构的形成，这是和行为主义学习理论的区别。

（2）认知主义理论强调主观能动性，也就是学习的动机要明确，要时刻保持对这个世界的好奇心和求知欲。认知主义理论揭示了学习的过程，对学习有多种思考，提供了各种思路。

（3）不过认知主义学习理论没有揭示学习的心理结构，即智力因素和非智力因素。其实非智力因素诸如环境、性格、机遇等对于智力因素是有影响的，认知主义对于主体和环境之间的联系揭示得不是很透彻。我们要做的就是，先控制好自己，做到最好，不为没有努力而追悔莫及。

1.3 学习的过程

学习是一个过程，我想没有人会反对，但至于学习是一个怎样的过程，仁者见仁，智者见智。本节是我自己探索总结的学习的过程，大家可以参考借鉴。知识作为对这个客观世界的主观假说，唯一评价标准就是：是否有用。

简单来说，我把学习分为五个阶段：习得、应用、反思、创造、融合。如此划分只是便于学习和理解，其实这五个阶段也不是独立存在的，而是你中有我，我中有你，相互交融。学习有一个量子化的过程，而这个量子具有连续性，读懂前面的学习理论就会明白这个所谓的学习量子就是"认知结构"，当然，这是一种比喻的说法。

回归正题，我将结合实际例子来讲解整个的学习过程。

💡 1.3.1 习得过程

首先是"习得"，习得包含两个方面：理解和记忆。我现在告诉你一个概念：莫比乌斯纸环。因为你是初次听到这个概念，所以脑海中就只剩"纸环"了，并没有建立起与"莫比乌斯"相对应的信息。我再对这个概念进一步描述：只有一个面的纸环。你可能一脸茫然地看着我，其实在我们的认知世界里，纸或者纸环肯定都是有正反两面的，就像手心和手背，只要有正面肯定就有反面，那要如何才能理解只有一个面的纸环呢？莫比乌斯纸环如图1.3所示。

图1.3　莫比乌斯纸环

如果还是不能理解，那就想象一个小人在上面走，而那个小人就在一面上永远也走不到尽头，所以有人说这就是"无穷大"（∞）的由来。图1.4是小人在上面走的示意图。

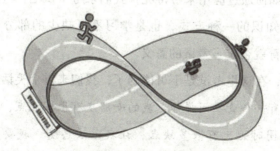

图1.4　小人在莫比乌斯纸环上走

理解之后再进行记忆，而记忆就是把信息存储到大脑中，完成对一个概念的认知的过程，我把这样一个过程叫作"习得"。而这个存储在大脑中的认知概念我们可以简单地理解为认知结构，但认知结构所包含的东西不仅仅是一个概念那么简单。

💡 1.3.2　应用过程

接着说应用过程，根据认知主义学习理论我们可以知道，学习是有目的的，而应用就是学习的目的，同时也是学习的过程和手段。

结合实例来讲应用，前面说过，学习的各个过程是密不可分的，分开只是为了理解，习得包含应用，应用中也有习得。在习得的过程中，我们需要应用来进一步加深对知识的认知，从而帮助我们更好地学习。总结起来：学以致用，用以致学，其中"学以致用"是目的，"用以致学"是手段、方法。

我们如何通过应用来习得呢？我们来考个试吧！考试作为检验和应用知识的一种方式，也是学习不可缺少的部分，不能因为应试教育就否定了考试的意义。

当然，在这里考试是不可能的了，我们来讲个笑话吧！

从前有一个青年问禅师：我的女朋友有很多优点，我也很喜欢她，但同时她又有很多缺点，让我无法忍受，我要怎样才能改变她的缺点？

禅师微微一笑道：年轻人，你能给我找一个没有背面的纸吗？

青年默默地拿出了莫比乌斯纸环。

现在是不是对莫比乌斯纸环有了更深的认识，如果没有，那我们就继续应用练习吧！

年轻人，你给我做一个莫比乌斯纸环吧！（这是一个作业，希望大家亲自动手，认真完成，纸上得来终觉浅，绝知此事要躬行，就从现在开始吧！）

效果如图1.5所示。

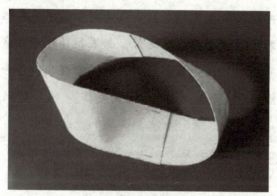

图1.5　莫比乌斯纸环

应用是学习的目的和手段，同时也体现了知识的核心价值。知识是否有价值，就看你所学的知识是否有用，就拿莫比乌斯纸环来说，你们觉得这个东西能怎么利用呢？

我们来分析一下这个纸环，本来是一个环，但却只有一个面，就像一条永远也走不完的线，所以说这是在二维空间中表示一维的无限，有没有想到什么，比如永远也走不完。对，我们可以利用它的"无限"的特性，把莫比乌斯带用在磁带上是不是就可以无限循环下去而不用倒带了？

图1.6　磁带

我们再把思路拓宽一点，莫比乌斯带的单面特性，还能怎么用呢？我们应该都见过传送带，如果把传送带做成莫比乌斯圈，那就可以使传送带磨损均匀，能够增强使用寿命了。还能有什么其他用途？小伙伴们可以自由发挥。

💡 1.3.3　反思过程

反思过程同样也和前两个过程是分不开的，反思可以看作一种检验和内化的过程，让你的认知结构达到优化，从而和你的主体相适应。

还是拿"莫比乌斯纸环"来举例，前面已经通过"习得""应用"形成了对莫比乌斯纸环的认知结构，你可以从你的脑海中调取相关概念和实例应用。但现在让你给莫比乌斯环下一个定义，你可能会支支吾吾了，因为你还没有将其完全内化成你自己的东西，这就需要反思。

经过前面的学习你可能对莫比乌斯环已经有了自己的理解，

可是你会发现我对这个概念从没给过定义，并且在上文中称呼莫比乌斯纸环时我用了不同的名称，"莫比乌斯带""莫比乌斯环""莫比乌斯圈"，你是否发现这一点？你在阅读这些文字的时候也是一个学习的过程，如果没有反思的话，所形成的知识也是比较混乱的，现在请你用自己的话给莫比乌斯带下一个定义。

我讲过莫比乌斯带具有单侧面特性，而我讲的那个禅师的笑话中没有背面的纸，而通过学习我们知道，莫比乌斯带既没有正面，也没有背面，是个单侧面，所以你要是认真反思的话，那个笑话一点也不好笑。

在拓扑学中对于莫比乌斯圈的定义是：单侧面、闭路的、翻转定向的曲面，莫比乌斯圈是一种空间的扭曲曲面。

你是这样描述的吗？如果不是，你的描述和拓扑学中的描述有什么区别？

通过前面理论学习可以知道，我们在认知过程中是存在主观性的，我们形成的认知和外界客观事物是存在偏差的，而反思就是让我们的主观认知无限地接近客观事物。这不仅会加深我们对事物的理解，同时对我们来说，也是一个内化的过程，通过不断的反思和总结达到"知行合一"。

1.3.4 创造过程

如果说"应用"是学习的普适目的，那"创造"就是学习的终极目的，是一个从量变到质变的过程。虽然学习的几个过程彼此融合、密不可分，不过个人觉得从"反思"到"应用"再到"创造"需要一个逐渐"悟"的过程，不是强求可以得到的。不过也不缺乏天才，如莫扎特，他跳过前面阶段直接创造。

还是以莫比乌斯带为例，现在你应该能说出莫比乌斯带的定义了吧。参照上面的定义，我们思考一下，如果说莫比乌斯带是空间扭曲的曲面，那是否可以创造一种也具有相似或相同的属性的三维物体呢？克莱因瓶（如图1.7所示）闪亮登场。

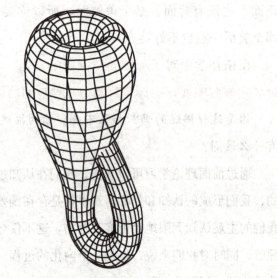

图1.7　克莱因瓶

如果说莫比乌斯带是不分正面和背面的带子，那克莱因瓶就是不分里面和外面的瓶子。一只苍蝇如果要从克莱因瓶的里面飞到外面，那么是不需要穿过任何表面的。如果莫比乌斯带能够完美地展现一个"二维空间中一维可无限扩展之空间模型"

的话，克莱因瓶只能作为展现一个"三维空间中二维可无限扩展之空间模型"的参考。因为真正的克莱因瓶要在四维世界才能看到，而我们的世界只是三维的，所以图1.7只是一个参考。

现在对克莱因瓶的认知是不是简单多了？因为我们是在莫比乌斯带的基础上进行认识的，同样从莫比乌斯带到克莱因瓶我们的认知结构逐渐扩大了。这是对认知主义学习理论的印证，同时也告诉我们，在学习的时候一定要联系已知的东西，这样我们的认知会更简单，而认知结构也会更牢固。

要讲创造，我们就要继续反思，如果前面和后面、里面和外面都已经被扭曲了，那上面和下面呢？对，你会思考有没有一种东西是上面和下面不分的呢？它就是潘洛斯阶梯，如图1.8所示。

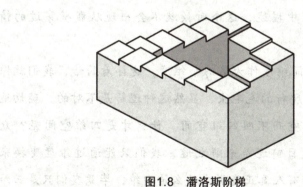

图1.8 潘洛斯阶梯

读过《鬼吹灯》的同学应该能联想到"悬魂梯"，它其实就是潘洛斯阶梯。

知识是有限的，而创造是无限的，你可以继续思考下去，大家可以想一想时间折叠。我想说的是，创造是一个很高端的活儿，同时也很有趣，一个人如果能够长期坚持一项创造性的活动，生活会比较充实和有趣。当然如果你没有什么艺术创造性的活动，绘制思维导图也不错，第5章我会讲到手机摄影，没事拍拍照也挺好的。

在这里问一个问题：什么是四维空间？

莫比乌斯带是二维曲面在三维空间中虚拟表示了一维的无限，而克莱因瓶是三维空间的实体在四维空间中虚拟描述了二维空间的无限。因为我们是生活在三维空间的，所以我们很容易理解莫比乌斯带从二维曲面到三维空间的虚拟其实就是一种扭曲；而从三维世界来看克莱因瓶的这种虚拟是很难理解的。如果强行在三维空间来表示克莱因瓶就会出现自相交，所以这个造出来的克莱因瓶并不是真正的克莱因瓶。真正的克莱因瓶要在四维空间中描述，这个时候就不会出现从瓶壁穿过的情况了。

有人把时间维度作为第四个维度，这样看的话，我们就像一条在时间里爬行的毛毛虫，显然这种理解是不对的，确切地说，应该叫时空而不叫四维空间。什么才是四维空间呢？众说纷纭，不过目前还是未解之谜，我们只能通过维度变换来理解，但却没有人真正能说出什么是四维，毕竟我们只是三维生物。

这里布置一个作业：学习并理解关于平行时空的概念（后面会用到）。

💡 1.3.5　融合过程

到了最后一个过程融合，其实到这里，你应该对融合有所理解了，就是要达到"物我同化"，"物我同化"是终极目的，是一种智慧。

还是用莫比乌斯带来说明。

如果一开始有人告诉你，存在"只有一面的纸"，是很"扎心"的，因为这打破了你的认知，让你觉得你和世界格格不入。而经过学习认知之后，你形成了自己的认知结构，并且对这个世界的认识得到了扩充，所以当我们谈到没有里面也没有外面的瓶子时，你就很好理解了，再谈到"悬魂梯"的时候更是一目了然了。这就是通过学习从行为、意识到思想境界的一个提升和扩充，从而形成自己的世界观，能够和这个世界更好地融合，更能适应这个世界。所以说，学习就是为了适应，从而生存发展，而通过"融合"到达"物我同化"。不过这是从形而下的角度来讲的，因为学习是一个复杂漫长的过程，我只是用一个东西举例以便于讲解和说明；从形而上的角度来说，在漫长的学习岁月中经过沉淀和参悟，你所达到的不仅仅是改变一个观念来融合世界，而是境界的提高，自己也像世界一样达到永恒，和世界同化了，就无所谓生存发展了，生命早已透彻通达，我们可以说得道了，获得了终极智慧。

"学以致用，用以致学，知行合一，物我同化。"

这十六个字是学习的原则。

1.4 理解力

上一节讲了学习的过程，学习的第一个过程是"习得"，要想"习得"，必须"理解"和"记忆"，如果说"记忆"可以通过勤奋学习获得，那"理解"就关乎天赋了。一个人如果是某一方面的天才，那说明他在某方面有超乎常人的理解能力，能够较快地学会并且创造。而反过来，如果说某个人是蠢材，那就说明这个人的理解能力实在太差了，比如我在音乐方面。我至今也没法分辨什么是高音什么是低音，唱歌的时候也经常跑调，因为我根本不知道音调在哪里，所以一首歌对于我来说就是"好听"或者"不好听"，我并没有什么独特的理解。记得在大学的时候我还去听了一次交响曲，足足听了两个小时，最后我明白一件事：我就是音乐蠢材。

"理解力"对于学习来说很重要，但迄今为止并没有科学的研究。所以我写了一篇小说，但要理解下面这篇小说，必须要理解"认知主义的概念"和"平行世界"的概念，来看看你的理解力怎么样。

🔆 1.4.1 海得韦纳世界

在四种基本力还没有统一前，第五种力已经被发现，世界也早已发生翻天覆地的变化。

在100年前，被人类所认知的只有四种基本力：引力、电磁力、强相互作用力和弱相互作用力。而那时的凌风不知道第五种力的存在，无数次在平行世界穿梭，但一切都已来不及了。

凌风还清楚地记得当初杨鸣愤然离开"海得韦纳世界"的那一刻，凌风觉得世界崩塌了，只记得杨鸣离开时说的那句话："你不懂。"

凌风确实不懂，至少在那一刻他是完全不懂的。凌风和杨鸣一直生活在"海得韦纳世界"，这个世界的一切都讲求因缘，有前因才有后果，不偏不倚，包罗万象，是众多平行世界中被称为"中土世界"的地方，是所有世界汇集的地方。

凌风和杨鸣都是在"海得韦纳世界"出生的，他们相遇、相知到相恋，一切都如同那个世界一般，冥冥之中似乎早已注定。凌风一直相信那就是缘分。杨鸣以前常说凌风就是她的整个世界，而凌风作为海得韦纳最杰出的物理学家，一直留在"海得韦纳世界"，所以他俩都没有去过其他平行世界。

人类在对世界和自身的漫长探究之后，发现了平行世界的存在，同时也破译了人类自身机体的密码，进而解锁出更高级的功能，充分开发了大脑潜能。大脑的深层次潜能不是对外界的认知，而是对内在机体结构的操控。有些人可以通过对自身的内化，使自身机体结构量子化，形成"布鲁纳"，借助"布鲁纳"可以任意穿梭于不同的平行世界，其实就是自身的一种量子化传输。这种传输过程被称作"发现"，是对内在机体结构形成的操控，这需要极高的天赋，并通过后天的不懈努力才能实现。有些人一辈子也无法解锁自身，无法形成"布鲁纳"，而凌风和杨鸣却是很早就能形成"布鲁纳"的人。不仅如此，由于对物理学的痴迷和自身的努力，凌风已经形成了更高级的"布鲁纳"。凌风的"布鲁纳"不仅是内化的，还能外显，通过自身行为可以对外在的世界进行操控，也正是由于这一成果，凌风成为当代最杰出的物理学家，并且把这种高级的布鲁纳命名为"布鲁纳杨"。他能运用"布鲁纳杨"让一些不能自发形成布鲁纳的人实现平行世界的穿梭之旅。因此，他深受大家喜爱，加上他俊朗的外表，几乎就是大众情人，人气比娱乐圈的明星还高。

　　科学的伟大之处，就是它不会抛弃任何人，对于那些无法形成布鲁纳的人来说，他们也可以凭借外部条件实现穿梭。这个外部条件就是"加涅"，它的外形像一顶帽子，戴在头上就可以协助大脑完成自生结构的加工，使自身机体信息化，从而实现传输，这一过程也叫"信息加工过程"。当然它的传输速度远远不及用"布鲁纳"的"发现"过程，但也帮助了很多人实现了平行世界的穿梭之旅，毕竟能生成"布鲁纳杨"的只有凌风一人。不过一顶加涅也是很贵的，虽说科技高度发达之后，生产力早已飞速提高，人类面对的不再是自身的生存问题，而是要了解对世界的探究，人类需要的已经不再是汉堡而是要了解汉堡的本质。可以这么说，知识就是那个世界的金钱，是交易的介质。而纸币早已被扔进历史，如同废纸一样。一顶好的加涅需要1.5GB知识，大概相当于远古的21世纪的1500万元人民币，虽然很贵，但只要勤奋，借助思维导图，很多人都可以获得。而思维导图不同于最古老的思维方式，而是一种直接导通思维实现知识存贮的方式，有点类似于远古的学校，但更高效。

💡 1.4.2　杨鸣的离开

在一个知识就是财富的世界，杨鸣无疑是最富有的人，出生优越，天资颇高，具有优于一般人的大脑结构，并且拥有过目不忘的能力。她拥有庞大的知识储备，而也正是由于她的协助，凌风才能年纪轻轻就研究出惊人的成果。不过凌风更爱杨鸣天真烂漫的性格，这也让凌风觉得这个拥有超强知识储存量的少女可爱而不恐怖，知识对杨鸣来说也只是玩具，而不是绳索，这或许也是杨鸣能轻易掌握它们的缘故。

现在，杨鸣离开了，凌风不懂，他是真的不懂。作为这个世界最伟大的物理学家之一，他懂得万事万物的运行规律，并能轻松操控事物，但在那一刻，他却实在不懂杨鸣的心，那一刻，所有的理性和逻辑也都溃不成军，最后化作一滴伤心泪。

杨鸣去了哪里，他不知道，而此刻的凌风也如同被抛弃了一般，不知道自己要去哪里。曾经的两个人如同两颗相互吸引的星球，围绕着彼此运转，当一颗消失之后，另一颗就像被宇宙抛弃了一般，原有的运行轨迹都乱了，在浩渺的宇宙中显得孤单落寞。

💡 1.4.3 格式塔世界

鉴于凌风的精神状态，科研部特批了凌风一年的假，凌风不知不觉到了"格式塔世界"。隐约记得杨鸣好像说她特别想有一次穿梭之旅，第一站就是"格式塔世界"，而凌风由于太忙，一直没放在心上。现在有时间了，就把杨鸣曾经想去的地方都走一遍，放松一下，也期盼着能在茫茫宇宙中遇见杨鸣。

"格式塔世界"是一个不完美的完美世界，它的完美也正是由于它的不完美，正如它的名字一样。在那个世界的人类或者说生命，永远不会分离，因为他们从来没有在一起，不会因为一个人的离开而显得不完整，大家都是擦肩而过，但觉得彼此相遇就是一种幸福。传说他们有一种信仰——分离的完形，那个世界的人或者曾到那个世界的人都是顿悟的人，只拥有原始的认知，却有终极的幸福，被称为"世界的源头"。杨鸣曾经说如果有一天伤心了，就到"格式塔世界"，或许就悟了。

在"格式塔世界"，凌风遇到了杨鸣，身着白衣，一尘不染，只飘飘然地从自己身旁经过。凌风本是个悟性极高的人，那一刻，他懂了，他不愿意扰乱这个世界的宁静与虔诚。来自内心深处的信仰，让凌风觉得在无边的宇宙中彼此遇见就是一种幸福，若想不失去，就得放下，"格式塔世界"也并非是不完美的完美世界，完美与不完美只是俗人对格式塔世界的描述罢了，在"格式塔世界"中根本就不存在完美与不完美。

虽有所悟，不过凌风还是对杨鸣念念不忘，知道自己还不属于"格式塔世界"，而"格式塔世界"的杨鸣也不属于自己，只是平行于"海得韦纳世界"的杨鸣，不是他的杨鸣。

💡 1.4.4　托尔曼世界

之后凌风去了"托尔曼世界"，这是一个疯狂而忙碌的世界，到处充斥着理性的思考和计算，每个人心中都有一个地图，对世界和自己有透彻的了解，可以说是科技发展到顶峰的一个世界。在这里，人人都在寻找最好的路，寻找属于自己的归宿。

经过了"格式塔世界"之后，凌风心情有所平缓，渐渐觉得曾经彼此的吸引其实也是一种束缚，而导致这种吸引力消失的可能正是由于吸引力本身，不论束缚还是吸引，终将会以某种形式终结。遇到"托尔曼世界"的杨鸣证实了凌风的猜想，杨鸣告诉凌风，她很爱他，但那是曾经，曾经的她迷恋他的专注，迷恋于他的理性和思考。直到杨鸣生日那天，凌风觉得99朵玫瑰的单价比9朵玫瑰的单价高，不符合经济运行规律而放弃买玫瑰时，那个等待花的人再也不想等那束花和那个送花的人了。

听到这，凌风懂了，一切都明白了。现在想想，杨鸣很多次说过想有一次穿梭于世界的旅行，而自己的回答一直都是太忙了，明明帮助了很多无法完成穿梭之旅的人实现了梦想，却忘记了自己最爱的人。想到这里，凌风觉得自己就是个混蛋，泪水早已渗透眼角，直入心底，冰冷而透明。

凌风给了"托尔曼世界"的杨鸣一个拥抱后，转身离开，默默地祝福杨鸣找到一个好的归宿。而凌风也要去找属于自己的杨鸣。

💡 1.4.5　皮亚杰世界

离开"托尔曼世界"后，凌风来到"皮亚杰世界"。这是物理学家的天堂，凌风向往已久，一直无法抽身来，这次误打误撞就进入"皮亚杰世界"。到这之后他发现这里的物理学家刚刚研究发现了"图式"，是物质描述的最基本单位，但不同于中子、质子、电子那样微观无限小的物质，而是一种宏观和微观的统一，是一种绝对静止的存在。不过这只是刚刚被发现，深层次的研究还在继续。但作为一个物理学家，凌风看到这个研究报告后，被深深吸引了，其实在他的思维模式里物理更加清晰明了，更让他着迷。不可否认，他内心深处仍然爱着杨鸣，但他想先留下来搞研究。当他听到图式的时候，就明白图式的价值，这预示着宏观和微观的统一，困扰着所有物理学家的统一场可能被建立，到那时时间将会不存在，或者说人类可以摆脱时间的束缚，这样的话或许能再回到过去吧！至少说声对不起，这也是凌风的小私心。

100年，说长不长，说短不短，人类社会的发展早已经历了很多个100年，而对于一个普通人来说，这几乎就是一辈子。当初的英俊少年，如今早已白发苍苍。"图式"刚被发现的时候震惊世界，几乎所有的平行世界的人都知道这个消息，也都觉得人类社会将要再次发生重大的变革，就连虔诚的"格式塔世界"也引起不小的波澜，有的信徒甚至觉得这次技术革命将揭示宇宙起源，人类可以看到混沌初开时的景象。

但研究进行得十分不顺利，凌风运用了他全部的物理天赋，虽然做出了很多成果，但经过100多年的研究，凌风渐渐意识到："图式"的绝对静止只不过是更高维度世界在三维世界的表现，所以人类的研究一直都只是冰山一角，而无法窥得全部，除非人类打破三维世界，进入四维空间，但暂时还无法实现。

虽然"图式"研究一直止步不前，但凌风却在无意中发现了世界上的第五种基本力——理解力。为了研究"图式"，他一直在多维度领域里探索，他无意中发现了"理解力"，一种存在于时间维度而不作用于物质本身的力。不同于其他四种力，"理解力"不作用于任何物质，只在时间里流动。经过研究，凌风发现凝聚"布鲁纳杨"后，借助"理解力"可以进行时空穿越，不仅能在平行世界中穿梭，还能穿越到不同时空，而全世界能凝聚"布鲁纳杨"的只有凌风。但对于这一技术，凌风也并不是很成熟，也无法完全掌控。第一次穿越的时候，他也不知道能不能回来，很有可能被漫长的时间淹没，或者在无边的宇宙中游荡，永远也回不来了。不过凌风知道，他还有一件事没有完成，如果永远也回不来的话，那可能此生无缘了，而这将是他唯一的希望，他也一直相信他们有缘！所以不顾科研部的阻止，凌风穿越了。

一个小女孩正捧着99朵玫瑰花，朝着凌风天真地笑，凌风才发现这个笑容如此美好！

转身，杨鸣一直还在原地，从未离开！

1.5　记忆的本质

记忆不仅在学习中占有重要地位，也是千百年来人们一直探讨的话题。在古代，若能过目不忘就被称作神童。那记忆的奥秘到底是什么呢？我们能否解开记忆的终极奥秘，成为记忆高手呢？本节将深入探讨记忆的奥秘及其本质，在后面的学习中将教大家记忆的终极法门，我们先好好看一看记忆到底是什么。

1.5.1　记忆曲线

艾宾浩斯进行自我实验，也就是把自己作为实验体，观察自己的记忆规律，并经过大量的数据拟合得出了一条记忆规律的曲线，叫遗忘曲线，或者叫艾宾浩斯曲线，如图1.9所示。

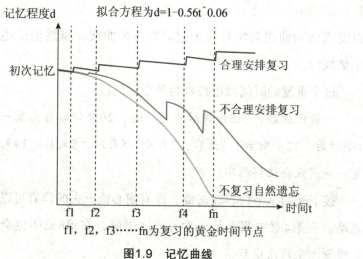

图1.9 记忆曲线

拟合方程为$d=1-0.56t^{0.06}$。我们不需要去研究这条曲线，我们只需要明白这条曲线对我们学习和记忆的意义就行了。那么，这条曲线要告诉我们什么呢？

他告诉我们：一般人的记忆和遗忘是对立的，有记忆就有遗忘，但是这个记忆和遗忘是有规律的，当你把信息存储并完成记忆后，遗忘就开始了，开始忘得快，逐渐忘得会越来越慢。

我们来看一个实验：

两组学生学习一段课文，甲组在学习后不久进行一次复习，乙组不复习，一天后甲组保持98%，乙组保持56%；一周后甲组保持83%，乙组保持33%。乙组的遗忘平均值比甲组高。

其实从实验中我们可以直接看出，要想记住，那就复习。但这个人人都知道，还要这条曲线有何用？其实艾宾浩斯曲线最有意义的地方在于告诉我们如何最大效率地进行复习。让我们在特定的时间节点复习，然后最有效地让记忆回到最高点。所以艾宾浩斯曲线其实是关于记忆效率的曲线，虽然他描述的是记忆规律。

这个重复的时间段也被称为黄金时间段：

一般记住后，在5分钟后重复一遍，20分钟后再重复一遍，1小时后、12小时后、1天后、2天后、5天后、8天后、14天后重复一遍，就会记得很牢。

接下来的三节内容较晦涩，没有耐心读下去的读者可以暂时忽略，在第4章中我会结合学习方法讲解，在第6章中也会结合思维导图来再次讲解。

💡 1.5.2　记忆的研究

艾宾浩斯曲线只不过是一个记忆外在规律的总结，那记忆的外在本质是什么呢？

虽然关于记忆的理论方法很早就有，记忆宫殿更是在古罗马时期就有记载，但是人类关于记忆的生物学理论研究却一直停止不前，只是知道海马体在短期记忆中起了重要作用，但再具体一点的关于记忆的研究就没有了，关于海马体的特殊功能与其细胞之间的联系一直都是未知。因为脊椎动物的神经元实在太多了，环路十分复杂，就目前的实验方法是无法完全追踪定位的，要想完全弄清楚记忆是怎么回事，实在难之又难。要弄懂我们的大脑是怎么回事，这是不可能的。因为我们只开发了大脑的部分功能，所以只能找一种比较简单的生物来研究，而"海兔"就成了一种合适的动物实验模型。

海兔的脑回路十分简单，只有20000个神经元，分别汇集为9个不同的神经集团，又称为神经节。每个神经节只具有少量的神经细胞，并且我们可以将其受控的单个行为独立分离出来。实验研究最终选定了一个最简单的行为：缩腮反射。

在缩腮反射中，对海兔进行习惯化和敏感化的调控。

连续给海兔呈现40个刺激，缩腮反射会减弱，但这种减弱只能持续一天。如果我们每天给它呈现10个刺激，连续4天，这个减弱效应就能持续一周。

我们观察到，在海兔的腹神经节中，虹吸管系统有24个感觉神经元，皮肤某点上的触觉刺激只激活6个神经元。这6个同样感觉神经元将触觉信息传递给6个同样的运动神经元，继而触发缩腮反射。

💡 1.5.3　短时记忆的本质

我们反复地触碰海兔的皮肤，缩腮反射幅度呈进行性减弱，同时突触联系强度也呈进行性衰减。相反，如果电击海兔尾部或头部，缩腮反射幅度加大，突触联系强度增强。我们可以得出这样的结论：当海兔的习惯化被诱发时，感觉神经元的动作电位在运动神经元中诱发出较弱的突触电位；敏感化时正好相反，感觉神经元的动作电位在运动神经元中诱发出更强的突触电位，从而提高了神经传递的效率。

　　所以突触强度的变化可能同时归功于感觉神经元和运动神经元两个方面。感觉细胞通过增加谷氨酸释放量的方式增强了突触后电位，使突触后的细胞更容易产生动作电位。在突触联系增强的同时，感觉细胞内存在着一个很慢的突触电位。这个慢电位可持续数分钟，明显不同于运动神经元中持续数毫秒的典型突触电位。感觉神经元和运动神经元之间有一组中间神经元，尾部感觉神经元通过这些中间神经元作用于运动神经元，慢突触电位正是来自这些中间神经元。这些中间神经元释放的神经递质是5-羟色胺。另外，中间神经元于感觉神经元的前突触端形成突触，慢突触电位就产生在这个部位。不仅如此，中间神经元还通过此突触影响谷氨酸的释放量。从而得出学习和记忆中存在着两种重要的神经回路：介导回路和调控回路。

　　早先的研究已经证实，在突触膜表面上存在两种受体：离子型受体和代谢型受体。离子型受体上有离子通道，受体与特定的神经递质结合后，离子通道被打开或者关闭，从而将化学信号转换为电信号。代谢型受体的一端凸出在细胞外，负责识别其他细胞发出的信号，另一端伸入胞浆中，与特定的酶结合。代谢型受体识别并结合了细胞外的化学信使后，细胞内的腺苷酸环化酶被激活，此酶使AMP环化，形成cAMP（环单磷酸腺苷）。离子型受体产生的变化持续数毫秒。代谢型受体通过第二信使（如5-羟色胺）发挥作用。代谢型受体产生的变化持续数秒至数分钟，其作用波及整个细胞。向感觉神经元末梢提供

5-羟色胺，向神经元内注入cAMP和蛋白激酶A的催化成分，从而促进谷氨酸的释放。

海兔尾部的电刺激激活了中间神经元，释放了5-羟色胺，5-羟色胺穿过突触间隙，结合到感觉神经元的受体上，使感觉神经元合成更多的cAMP；cAMP使蛋白激酶A的催化单位释放出来；蛋白激酶A的催化单元促进谷氨酸的释放。也就是说，cAMP和蛋白激酶A促进感觉细胞末梢释放出谷氨酸，而谷氨酸释放量增加是短时记忆形成的要素之一。

1.5.4 长时记忆的本质

在非神经细胞中，蛋白激酶激活一种名为CREB的调节蛋白，激活后的CREB作用于某启动子（cAMP反应元素）上。在培养基中阻断感觉细胞核内CREB的作用后，突触联系的长时强化被阻止，但短时强化未受影响；直接向感觉细胞核内注入活化的CREB就足以开启与长时突触强化有关的基因。

细胞里存在两种不同的CREB蛋白：CREB-1激活基因表达和CREB-2抑制基因表达。反复呈现的刺激促使蛋白激酶A和MAP激酶转移到细胞核中。在这里，蛋白激酶A激活CREB-1，而MAP激酶使CREB-2失活。也就是说，突触联系的长时强化不仅需要开启某些基因，也需要关闭某些基因。

在培养基中培养出具有两个突触的分别与不同运动神经元相联系的感觉神经元，新的实验开始进行。向感觉神经元的一个突触一次性注射5-羟色胺强化了被刺激的突触；分5次注射5-羟色胺使轴突长出新的突触末端。而未受到刺激的突触没有变化。具体来说，当分5次用5-羟色胺刺激突触时，活化的5-羟色胺受体导致胞内第二信使cAMP被大量合成，激活了蛋白激酶A，进而激活MAP激酶。信息最终被传递到细胞核里，激活了CREB-1，同时使CREB-2失活，诱发基因表达，新合成的信使RNA和蛋白质被运送到所有突触中，但只有被5-羟色胺刺激的突触能够利用它们合成新的突触末端，而局部合成的蛋白质维持新突触的生长。

长时记忆的形成过程可能包含了两个彼此独立的机制。其一是突触易化的启动：从突触转移至细胞核的蛋白激酶A激活了CREB，后者使效应基因得到表达，合成新突触末端生长所需的蛋白质；其二是突触生长的维持：此过程需要局部蛋白合成功能的参与。也就是说，突触生长的启动和维持是两个独立的过程。

短时记忆不涉及核内机制。长时记忆不是短时记忆在时间上的延伸，长时记忆不仅是突触强度增加了，而且神经回路中的突触数目也发生了变化。长时记忆习惯化后，感觉神经元和运动神经元之间的前突触数目减少；长时记忆敏感化后，感觉神经元长出新的前突触端，其寿命与记忆维持的时间等长。

第2章　思维导图的理论依据

　　思维导图被发明之后，就迅速风靡全球，它是一种非常高效的学习方法。我自己总结的学习方法也是以思维导图为依托的，这一章将进入思维导图的学习。

　　本章是关于思维导图的知识，会讲解思维导图背后有什么理论依据，同时我也会结合思维导图来简单地介绍"构建主义学习理论"，希望大家能从本质上来理解思维导图，从而正确地认识、学习并应用思维导图。

2.1 正确认识思维导图

"思维导图"这个概念你可能听过很多次了，但思维导图到底是什么？你就说不确切了，你可能会想到"关键词""放射性思维""中心点"等。其实它至今也没一个确定的定义。发明人托尼·博赞在《大脑使用说明书》中给过一个定义，大家有兴趣可以自己看。因为我的看法和他略有不同，在此就不再讲述了。

具体来说，"思维导图"英文名叫"Mind map"或"Mind mapping"，到了中国又叫"心智图"，而且在流传过程中还夹杂着一个叫"概念图"的概念。至于"思维导图"到底是什么，它和"概念图"是不是同一个概念，学术界一直争论不休。

不过在此还是略微提一下，"思维导图"和"概念图"既有区别，又有联系，怎么说呢？

"概念图"是一种组织和表征概念的图形工具，具有层级性，可以有多个中心，概念呈现在方块和圆圈中。而"思维导图"的信息表征具有发散性、非线性结构化、整体性和层级性，只有一个中心，并使信息可视化，便于吸收和管理，如图2.1所示。当然，以上是学术性的定义，基于我对它的理解，我自己对思维导图的定义是："思维导图"是一种引导和发散思维的具象化图形。我们把它定性为一种自然的认知工具。

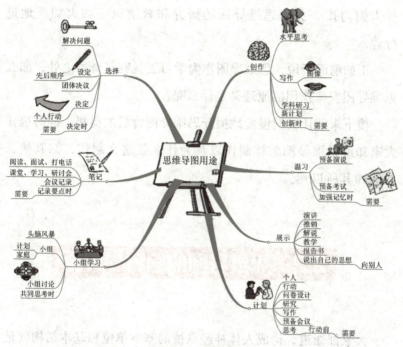

图2.1　思维导图

要明确一点，思维导图是一种实用的认知工具，一种高效的学习方法，能够在一定程度锻炼和培养思维能力。

而有的作者或者培训机构，为了谋求利益，大肆鼓吹思维导图，无限夸大它的作用，说它是能够让人们掌握大脑的终极秘籍，百分之百开发大脑，能够让你成为最聪明的人，这就没谱没边了。不过对于一些急于求成的人，经过一番洗脑后，往往盲目相信，因此上当受骗。

这也从侧面反映出一个问题，一方面，人们对思维导图的认识不够，容易被人利用和欺骗；另一方面，思维导图确实备受人们追捧，关于思维导图的研究和教学也正如火如荼地进行着。

正如前面所说，思维导图作为学习工具有其奇妙之处，那么思维导图发挥作用的原理又是什么呢？

接下来就让我们慢慢地揭开思维导图背后的奥秘，同时也让大家知道思维导图怎样制作以及为什么要这么制作，知其然，并能知其所以然。

2.2　思维导图的脑科学理论

大家都知道，构成人体神经系统的基本单位和基本结构就是神经元，神经元具有轴突和树突两种突触，起传递和接收信息的作用。其中传递信息的物质叫作神经递质，而神经元传递和接受信息的功能正是大脑具有记忆的生理基础。神经元到底长什么样呢？如图2.2所示为神经元，而图2.3所示为思维导图。

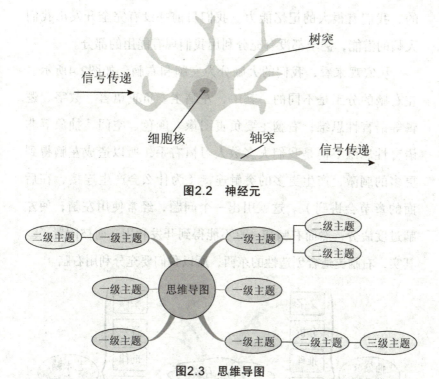

图2.2 神经元

图2.3 思维导图

首先，我们先认识一下我们的大脑，我们的大脑就像一个巨大的硬盘，可以存储很多东西。人脑是由神经元构成的，那人脑有多少神经元呢？大约有140亿个。这140亿个神经元由细胞之间的突触联系着，在人们大脑皮层每个神经元上平均有3万个突触。这样的结构特点，使大脑成为一个庞大的信息储存库，一个人脑的网络系统远比当今互联网还复杂。有一种说法认为，我们一个人的大脑存储的信息容量相当10亿册书的内容，什么意思呢？就是你一辈子不停地输入信息给大脑，并且大脑全部记住，最后还有空间。这说明我们大脑的记忆容量是庞大的，我们有很大的记忆能力。我们目前并没有完全开发出我们大脑的潜能，甚至都没有充分利用我们现有能用的部分。

从宏观来看，我们的大脑分为左脑和右脑，如图2.4所示。左右脑的分工是不同的，其中，左脑主要负责语言、数字、逻辑等语言性思维；右脑主要负责图像、颜色、空间、抽象等非语言性思维。但是我们大多数人习惯右手，所以造成左脑得到更多的刺激，产生更多的突触连接（为什么会产生连接，在后面的章节会讲到）。这就引出一个问题，经常使用左脑，使左脑过度疲劳，然而右脑却一直不能得到开发利用，而被闲置了。其实，右脑更适合创造性的东西，所以我们要充分利用右脑。

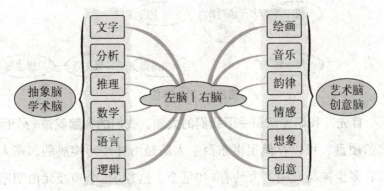

图2.4 大脑功能示意图

思维导图可以很好地解决这个矛盾。学习的时候，用左脑输入概念，进行逻辑计算之后，再充分利用右脑的联想和视觉化处理能力把概念信息用思维导图的形式绘制出来，使左脑和右脑都能充分发挥作用，从而帮助我们学习和记忆。

打过篮球的人都知道，五个一加起来是大于五的，也就是说团队协作的力量是远远大于个人能力总和的，所以左脑和右脑并用的效率就不仅仅是左脑和右脑简单地加起来，而且在这个过程中你还体会到一些乐趣。

是不是急不可耐地想学习如何绘制思维导图，充分发挥自己的大脑，让自己的小宇宙爆发，不要急，耐住性子看下一节。

2.3 构建主义学习理论

构建主义学习理论，用一句话概括就是：你的知识结构是在原有的知识结构基础上构建的，而这个构建过程又将反过来修正原有的知识结构。这个认知过程是具有主观能动性的，是一个动态的知识结构形成的过程（从这里也可以看出构建主义学习理论和认知主义学习理论的区别和联系）。

我们分开来理解这句话，先说说主观能动性。其实这是学习的一大关键，但人们提到学习想到的不是知识而是成绩，这就让一群拥有学习知识机会的人成了最不尊重知识甚至厌恶知识的人，更谈不上发挥主观能动性去学习了；反而有些在底层奋斗最没有学习机会的人成了最尊重知识的人，因为他们真切地感受到知识能够改变命运。

那么如何才能建立主观能动性，不像挤牙膏一样，挤一点出来一点？我的观点是"学以致用"，这里有两层意思，一是学了就要用，二是要用了再来学，在这个"用"和"学"的过程中把你自己充分地调动起来。

最直接的例子就是当你必须要完成一个项目的时候，你学东西是最快的，因为在这个过程中你充分发挥了主观能动性，并且在学过之后立马就用到，所以你学得很快。反过来说，你要学的东西最好是马上能用到的，或者学了之后一定要去用，否则你过一段时间会忘记。

再说一说"知识结构是在原有的知识结构基础上构建的"。我们是在原有基础上学习的，没有基础我们是很难进一步学习的，而最基础的就是我们大脑的功能和对生活的主观体验。反过来说，我们在学习的时候要充分利用已有的基础，这样学习会更快，并且要通过学习不断地扩大自己的知识体系，这样学习也将会变得越来越简单。所以我们在学习时要打好基础，同时我们要联系生活，尽可能地把知识运用到实际当中。

构建主义学习理论最后一个关键点是，对原有知识基础的反馈和修正。这里有一个认知假设，就是说这个世界是客观存在的，但对于这个世界的认知是主观理解的，而我们人类所有的知识都是从这个认知假设出发的。比如说，这个世界客观存在着丰富的色彩，而我们只能看到一部分，在以往主观的认知体系里是不存在红外或者紫外的。如果这个世界的人全部是色盲，那么我们对客观世界的认知将会更少，但艺术很多时候就是巧妙地利用这种认知偏差。

把认知主义学习理论和思维导图联系起来。

就思维导图来说，有两个重要特征：即关键词和图形化，而思维导图的灵魂其实就是联想。从一个中心点发散出很多关键词，再由关键词发散出去，这个发散的过程是联想的过程。而联想不同于空想，联想是有联系地想，这个联系就构建在已有的基础上。

思维导图的第一特征：关键词。在绘制思维导图时，我通常要将所有关键词用自己的话来进行总结性叙述，因为自己的话就是构建在原有知识的基础上的，理解起来比较容易。

除了关键词的联想，思维导图的另一个特征是图形化的联想，是把关键词图形化，通过联想把已知和未知的知识紧紧地联系在一起，从而更快地学习。

知识没有绝对的对与绝对的错，只不过是我们对客观世界的主观假设。一个知识点可能在这里有用，而到另一个地方就没用了，所以要不断地修正自己的知识体系，让它更加接近客观世界。思维导图可以像神经元构成大脑一样，一幅一幅的思维导图会构成一个巨大的知识体系，在不断认知的过程中我们需要对这个知识体系不断进行修正，从而构建出更加客观的知识体系。

2.4 视觉化思维

现在很喜欢讲"视觉化"，特别是在设计方面，不过在此讲的不是设计，我主要讲两个关于"视觉化"的东西，一个是"视觉化效应"，另一个是"视觉化思维"。又是效应又是思维的，怎么和视觉化扯上关系了呢？

所谓"视觉化效应"通俗地讲就是人们对视觉化的信息有更强的认知能力，同时在存储信息的时候也更倾向于视觉化的东西。比如图片形式，小孩子的课本就编写得花花绿绿的，很好看，这对于学习是很有帮助的；其实成人的书也可以做得漂亮一点，不然一大本密密麻麻全是文字，看着就头疼，这就是视觉化效应的一个体现。

举个例子，比如说下面这个信息：

"中国地图"

你看到这个信息时，你脑海中一定出现一只傲立世界的大公鸡，而不是"中国地图"这四个方块字，也就是说，你的大脑在存储信息的时候也是喜欢形象化的东西。

同样的，方块字和图片表征同一个信息时，图片也将以压倒性的优势占据你的大脑，让你记忆更加深刻。

思维导图正是基于此，让你的思维尽可能视觉化，也就是说，在你绘制思维导图的时候，充分发挥你的想象力和创造力，让信息以视觉化的方式呈现出来，这个联想的过程可以很刺激。

综上所述，所谓的视觉化思维其实就是思维的视觉化，是把你的思维形象地表达出来，这就是思维导图的意义所在。

第3章　从零开始掌握思维导图

实践是检验真理的唯一标准，既然有了理论基础，那就要动手实践。这一章所讲的关于思维导图的知识将是对前面学习理论的一个应用实践，也将是后面学习的工具。

学习最重要的是学习思维过程以及知识体系的形成和管理，思维导图作为一个辅助思维的工具，其实很简单。我更希望和大家探讨的是思维的过程，而关于知识体系的形成和管理将在后面的章节中介绍。

3.1 初步绘制思维导图

思维导图只是引导思维的工具，而不是思维的本身。本书的初衷是以思维导图作为载体，来探讨学习的思维过程以及学习的其他高效方法，让大家在这个探讨和实践的过程中学会如何学习，并且逐步形成高效学习的学习思维。

在本章中我将带着大家学习思维导图，并结合学习理论来体会学习的过程，然后用思维导图来绘制"学习过程"，从而总结出一般的方法论。

3.1.1 认知思维导图

前一章我给思维导图下了一个定义：一种引导和发散思维的具象化图形。我们把它定性为一种自然的认知工具。对思维导图我简单地给出了两个特征：关键词和图形化，并说明了联想是思维导图的灵魂。这是前面我们对思维导图的认知，而如果你恰好已经记住并理解了思维导图的概念和两个特征属性，那么你学习过程中的第一过程——习得已经完成了，用认知主义的观点来说，就是你的脑海中已经形成了"思维导图"这一认知结构。

学习的下一个过程是什么，还记得吗？应用和反思。

这里先说反思，反思是对认知结构的进一步评价、校正、内化、加强，以形成自己的东西。在布鲁纳认知发现说里将此称为评价和转换的过程，那怎么去转换，怎么去反思呢？最简单的就是应用，在应用的过程中来反思。我在前面学习过程中也说过学习的各个过程是密不可分、相互关联的，并不是独立存在的，我们可以在应用中反思、在反思中应用，在应用的时候要用心体会、用心思考，这样才能将所学内化为自己的东西。

结合前面对思维导图的认知，用思维导图来学习本书"1.3 学习的过程"一节，用学习的工具来学习学习理论从而达到学习的目的，这也是思维导图的应用过程，所以请大家先看一下"1.3 学习的过程"那一节。

首先来找关键词。我所总结的"学习过程"的核心关键词是"学习过程"，由此引发二级关键词：习得、应用、反思、创造、融合。再往下一级的关键词，习得主要是理解和记忆两个方面；应用是手段和目的；反思是评价和检验；创造是终极；融合是终极目的。再认真思考习得、应用、反思、创造和融合之间的关系。只有习得之后你才能进行应用，而习得是为了应用，在这个过程中也包含反思的过程。同样反思和应用之后才有可能创造，而不断地创造、反思，经过时间的沉淀后最终才会到达融合。

上一段文字是你整个的思维过程，我简单绘制出来，如图3.1所示。

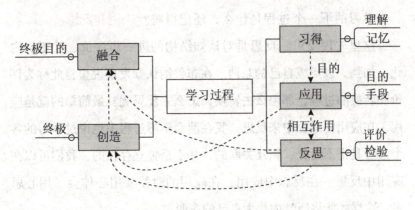

图3.1 思维导图

进一步思考之后，你会发现还有关键词没有表达出来，就是学习的原则：学以致用，用以致学，知行合一，物我同化。

这个总原则是作用于学习过程的，并不是和习得、应用、反思等同级，所以我们要另外引出一个自由主题，也就是原则主题，如图3.2所示。

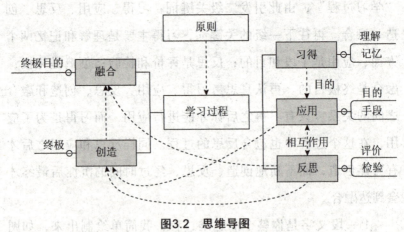

图3.2 思维导图

同样，以"原则"作为关键词，下一级关键词就是"学以致用""用以致学""知行合一""物我同化",如图3.3所示。

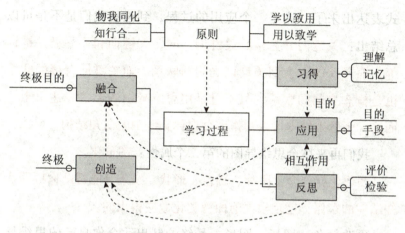

图3.3 思维导图

"学以致用"是目的,"用以致学"是手段、方法,"知行合一"是融合的过程,"物我同化"是终极目的,是一种智慧,如图3.4所示。

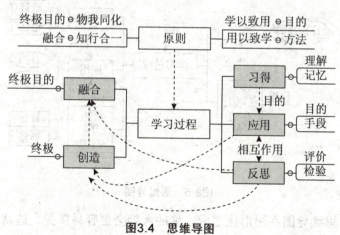

图3.4 思维导图

　　至此，"1.3 学习的过程"一节已经被我们用思维导图的形式表达出来了，这是一个应用的过程，到这里我们是不是可以总结出：关键词分为核心关键词、同级关键词和下一级关键词等，而且还能体会到关键词之间的联系，而关键词直接的联系也是概念之间的联系，只不过是用思维导图的形式表达出来，而这一张思维导图可以称作储存在你脑海中的认知结构。

　　我们再来体会思维导图的第二个属性：图形化。

　　图形化就包含了图片、颜色、形状、线条等能帮助你巩固认知结构的东西，这是根据前面视觉化效应得出的。

　　更改颜色、图标、图形，最终绘制出适合你自己的思维导图，也可以插入图片，如图3.5所示。

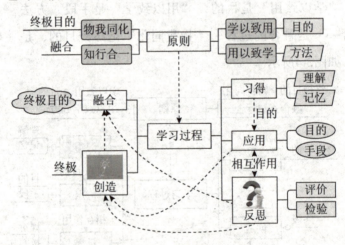

图3.5　思维导图

　　思维导图在图形化之后，你的大脑会更容易接受，这就是视觉化效应。同样添加小图标，让你的结构更加清晰化。

颜色，包括线条颜色和形状颜色。颜色具有情绪，黑白作为常规色，红色具有警戒强调的感情色彩，黄色具有阳光积极的感情色彩同时也具有警告的感情色彩，绿色具有健康舒服的感情色彩，紫色让人觉得神秘高贵等等，我们可以根据自己的喜好来设置颜色。

到这里，大家对"1.3 学习的过程"有更深的体会，同时对思维导图应该也有更深的认识，应该理解了思维导图是引导和发散思维的工具了。

接下来我们要结合"第2章 思维导图的理论依据"，带着大家进一步认识思维导图 。

3.1.2 解析思维导图

思维导图的内在原理主要是三个：一是脑科学原理，二是视觉化思维，三是构建主义学习理论。

在本书"1.3 学习的过程"一节中，你掌握了多少呢？如果你认真跟着刚才制作思维导图的过程走，那你现在闭上眼睛，一幅有图片、有文字、形象生动的思维导图是不是就在你的脑海中展现出来，如图3.5所示？

我们来对比一下，如果你只是阅读的话，会有很多信息输入，而你没有进行加工提取，当你再去回忆的时候，就感觉是一堆信息，模模糊糊的，什么也抓不到。而用思维导图则不然，这需要你去提取关键词。在这个过程中，你要对你输入的信息进行加工，当你提取关键词的时候，你还要进一步思考各个关键词之间的关系。如果说关键词你已经提取，那进一步思考关键词之间的联系就是在原有信息基础上再加工，对原有信息进行修正和反馈，从而让你的认知结构进一步扩大。最后，思维导图绘制完成的时候，一个完整的认知结构也就出现在你的脑海中。这时你会发现，我们用思维导图学习的过程其实就是对构建主义学习理论完美应用的过程。在构建主义学习理论基础上，我们可以发展出很多种学习方法，而思维导图无疑是其中很完美的一种。

现在，当我提到"学习过程"的时候，你脑海中将呈现一幅清晰的思维导图，如图3.5所示。当然，你还没有学会自己绘制思维导图，所以还被我牵着走，其实真正要自己绘制思维导图时，所要呈现的图片是你的大脑联想产生的，你的大脑会将你所学习的概念经过联想图形化处理，经过处理后这些信息就好像是从你大脑里长出来的一样。这就充分调动了你的大脑，不论是左脑的逻辑思维还是右脑的图形化思维，这个过程都体现了脑科学原理。

虽说思维导图只是一个工具，其实我们可以主观地感受到，思维导图对锻炼我们大脑思维能力确实有一定作用。当你熟练应用思维导图后，你的大脑开始自动提取关键词，去思考它们之间的联系，这会让你的思路和逻辑更加清晰。当信息提取出来后，自动联想会进行图形化处理，让你的大脑更具有想象力。

其实上面图形化之后的思维导图体现了"视觉化思维"，我们再进一步对思维导图加工，添加图标、颜色等信息来加深印象，就算过一段时间忘了，看一眼，你也能很快回忆起来。

在3.1节中，我带着大家绘制了一个思维导图实例，那接下来我们就具体学习怎么绘制思维导图。

3.2　思维导图的构成

通过前面的总结，你也可以得出一些规律。

思维导图首先是一个中心点，这个中心点就是对整个结构的总体概括，也是最核心的知识点。比如前面的"学习过程"就是中心点，这个中心点是所有信息的发散和交集点，处于核心位置，也可以叫核心点。不论叫什么，当你面对一个学习对象的时候，你至少要知道你学的是什么，找中心点就是对将要学习的内容有一个总体的认知和把握。比如我给你几个关键词：地理、英语、数学、化学、政治、语文、生物、物理、历史。你能告诉我这几个关键词的中心点是什么吗？

由中心点可以引出很多线，这些线连到一级关键词，一级关键词又可以引出线，连到二级关键词，再从二级关键词到三级关键词，只要你想，就可以建立一张庞大的思维导图，如图3.6所示。

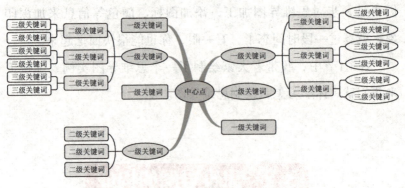

图3.6 分级主体

3.3 思维导图的绘制原则

在学习思维导图初期，我们要遵循一定的绘制原则，特别是在团队协作时必须遵循共同的原则。到了后期，绘制了很多思维导图后，你肯定会有自己的心得体会，那时你就可以尽情地自由发挥，找到一种属于自己的思维导图风格了。如果能达到"随心所欲而不逾矩"，那就是一种境界了。

💡 3.3.1 概述

"没有规矩，不成方圆"，万事万物都有一定的运行法则，思维导图也是如此。遵循一定的标准原则，能让你的思维导图规范化、合理化，并能实现通用化。所以在本小节中会给出一些绘制的原则，这都是思维导图的发明者托尼·博赞所给出的一些思维导图的特性，也在长时间的实践中被大家广泛接受，具有科学性和合理性。简单点说，你遵循这些原则绘制的思维导图，大家一看就能够读懂，这在学习工作中与别人协同合作时就显得十分重要，不然的话每个人一套标准，那就乱套了。

但从另一方面来说，思维导图本身就是人创造发明的，发明人就是托尼·博赞。回顾以往，你会发现，其实你在曾经的学习历程中，你自己也在不自觉地使用思维导图或类似思维导图的方式学习，而托尼·博赞只不过是把自己的思维导图提出来，让大家意识到它的重要性并能普遍接受它。每个人都会有一套适合自己的思维导图方法，也就是说我们不必拘泥于任何原则。我们运用思维导图的目的就是学习，所以只要对你学习有用的任何形式的思维导图都是好的思维导图。

💡 3.3.2 发散性原则

发散性原则有两个方面：一个是思维的发散性，另一个就是绘制思维导图的发散性。一些思维导图教材，可能会更强调关键词和中心点原则，但我个人认为"发散性"才是思维导图的核心，体现了联想的思维过程。

学习过程是一个认知结构形成并逐渐发展成为体系的过程，而这个过程特别强调在原有基础上的发展，而思维导图的一个妙用就是在已有的基础上来学习未知的东西。在已知的知识和未知的知识之间建立联系就需要发挥我们的发散性思维，进行充分的联想，用已知学习未知是最牢靠的，也是最有效的。

而思维发散性的具体表现就是由一个中心点发散出多个点，再由多个点发散出更多的点，慢慢地，你会得到一张知识网，你把整张网都吃透了，你的知识体系就慢慢形成了。

💡 3.3.3　中心点原则

按照博赞的标准，一个思维导图只允许有一个中心点。也就是最核心的那个，其他的都是由此中心点发散出来的，这可能会让你难以接受，刚开始会觉得无从下手。你拿到一本书阅读时，就像在登山没有到山顶的时候，你永远也不知道这山长什么样子，所谓当局者迷，你身陷其中的时候，是没法俯瞰全局的。你若要想俯瞰全局，就必须跳到局外，才能以旁观者的视角统领大局，而从当局者到旁观者是一个非常漫长的过程。就像阅读本书，你也才读到这里，就好像你走到了半山腰，路还长着呢。

如果你在阅读一本书或者学习一门学科之后，仍无法找到一个中心点，那说明你还没有爬到山顶，还没有成为一个旁观者，你对整个知识体系还没有吃透，可能一直在外围徘徊，还没有入门。要想吃透一门学科是一个很漫长的过程，路虽然很远，但我们不一定要一次走完，我们可以走几公里歇一会。比如阅读一本书，整本书可以有一个中心点，绘制一张思维导图，也可以一章有一个中心点绘制一张思维导图，甚至一小节都可以有一个中心点，绘制一张思维导图。很多小节构成一章，很多章构成一本书，虽说中心点只有一个，但可以有很多个分中心点。

中心点原则其实体现了两种学习观：一种是自下而上的，一种是自上而下的。当你拿到一本书，你不急着看细节，而是把握文章的整体脉络，然后再填充细节，这是自上往下。你也可以慢慢地逐个找中心点，最后再从这些中心点往上走，找到他们共同的中心点，这就是自下往上走。这两种观念没有好与不好，看你学什么了，甚至有时候需要你交替着使用。

总之，中心点原则就是：只有一个中心点，但可以有好多个分中心点。

💡 3.3.4　关键词原则

"关键词"代表的是一个关键点，也是思维导图的一大特征。这个关键点可以是知识点或者是思维的节点，我们的知识结构就是由一个一个的知识点构成的，而我们在思考的过程中要想梳理清楚思路，也要找到思维的节点，然后把一个一个节点串起来。一个优秀的学习者总是善于找到关键点，而思维导图就是通过简短的词组绘制关键点，来帮助我们学习和思考。

所以关键词的原则就是：关键点和词组。

💡 3.3.5 层级和联系性原则

"中心点"是最核心的关键词，而从中心点引出来的关键词我们叫一级关键词；同样的，我们还可以引出二级关键词、三级关键词。这是思维逐渐细化的过程，也是知识结构逐渐构建的过程。思维导图具有层级关系，层与层是包含关系，我们称这种包含关系为父子关系。如一级主题是二级主题的父主题，反过来，二级主题就是一级主题的子主题。思维导图的层级关系体现了由主到次的思维方式，层级之间的联系在思维导图中就用线来连。

除了父子关系外，同级或者跳级的关键词也可能存在某种联系，我们也可以用线来连。

所以层级和联系性原则就是：关键词分层级，关键词之间会有联系。

💡 3.3.6 图形化原则

"图形化"作为思维导图的另一大特征，我已经在前面论述很多了。我对思维导图的定义就是：一种引导和发散思维的具象化图形。我们把它定性为一种自然的认知工具。最终我们要绘制出来图形，而不是简单的文字描述，这也是对视觉化思维的一个典型体现。

所以可视化原则就是：让你的思维可视化。

💡 3.3.7　个性化原则

　　什么"**中心点原则**"、什么"**关键词原则**"、什么"**发散性原则**"、什么"**可视化原则**"统统抛到一边！个性化原则就是你想怎么画就怎么画，你爱怎么画就怎么画，只要画着高兴，画着好玩，对你的学习有用就行了。所有的标准都是限制，所有的原则都是束缚，发挥你的想象力，释放你的大脑，"所谓法，非法，亦非非法，是名法"，所有的学习方法都是辅助你找到自己的方法，然后就可以扔掉了。如果你看了本书，一点想法也没有，只是按部就班地照着我说的做，那是你没有真正读懂本书。你读完本书后，认为我说的都不算什么，扔掉我说的，然后找到适合自己的学习方法。恭喜你，你真正懂得如何自学了，因为你已经开始自学了。

　　个性化原则就是：没有原则。

3.4　绘制思维导图的准备

　　对我来说，思维导图的意义已经不仅仅是工具了，更像是一件艺术品，用线条描绘出我的思维，用颜色渲染我的灵感，用图形映射着我天马行空的想象。日复一日的积累，留下的已经不仅仅是一沓厚厚的图纸，更是我曾经的思考和想象。把思维导图当作艺术品来创作，也是一种享受，你也可以创造出属于你自己的独特的美。

思维导图的绘制主要有纸质版和电子版，这里先说纸质版，电子版后面再教大家。

先说纸质版的，要画图，那肯定得有纸，只要是白纸就可以，不要有多余的线条。在这里推荐大家用A4纸，不仅便宜，而且方便管理，不过我一直用的是信签纸。

其次是笔，由于我学的是工科专业，经常用铅笔画图，所以我个人喜欢用铅笔，各种2B、HB的，便于修改，不过就是保存时间长了字迹会变淡。中性笔或者圆珠笔也不错，还有就是绘制色彩的笔，我一开始用马克笔，但色彩选择范围比较小，后来看到我幼儿园的小妹画画，就把她的水彩笔给"偷"来了，别说，还真好用。

纸和笔准备好了，涂改液和橡皮也是必不可少的，有时候会画错，不要害怕修改，特别是一开始，会经常修改。

其他的我还买了一些小卡片，用于画圆、方框、箭头，标记什么的，后面自己还制作了一些类似微信的表情包和图标。可能大家会比我有创意，自己慢慢画，慢慢总结，慢慢创造。

我觉得当你用心去创作，并且很快就能看到成果时，这是一件非常令人愉悦的事情。你慢慢绘制思维导图的过程，也是在引导你思维的过程，在这个过程中你的思维是高度集中的，这样会让你事半功倍。而且你以后翻看自己绘制的思维导图，也是一件赏心悦目的事情，印象会更加深刻。

当然，凡事都有利弊，有的人没有艺术天赋，就是不喜欢画图，慢慢绘制会消磨掉他的耐心，快速绘制反而能够充分调动大脑思维。你只要一支笔、一张纸，按照你的思维绘制下来即可，想怎么画就怎么画，爱怎么画就怎么画，你觉得有用就行。

3.5 总 结

"学以致用"，学习了一定要通过实践应用才能把知识转变为一种能力。在刚开始的时候，可以先用纸张进行绘制，在后面的章节中我会教大家如何绘制电子版的思维导图，并希望大家在后面的学习中能够充分利用思维导图。在应用篇我也会给出一些思维导图的经典应用。

第4章 学习之术

"思维导图"本身就可以作为一种高效的学习方法，但法无定法，苟求于法，反不得其法。本章要介绍另外一些高效的学习方法，在学习的过程中综合利用这些学习方法，我们可以制定出适合自己的学习策略。这些学习方法也是对前面学习理论的一个实践和印证。

抛开形而上的东西，学习最重要的就是构建和管理自己的知识体系，而学习的过程是循序渐进、回环往复的。接下来，我将通过讲解这些高效学习方法，带着大家进一步体会学习过程，教大家怎么去构建自己的知识体系。

既然是学习之术，就更应具有操作性和实用性，所以大家一定不能只是看看，一定要跟着动手操作。记住学习的原则：学以致用，用以致学，知行合一，物我同化。

4.1 记忆之术

在前面"1.5 记忆的本质"一小节，我们深入探讨了记忆的奥秘，在这一节我们将从道过渡到术。"道"是从本质规律上来讲，那"术"就是从方法上来讲，有哪些高效记忆的方法，如何去掌握这些记忆之术，就是本节要探讨的内容。另外，本节将通过实验来测试你的记忆力，为后面的学习打下基础。

💡 4.1.1　记忆的类型及原则

实验一：测试你的记忆类型。

实验材料：本书、白纸一张、笔一支。

实验步骤：

1. 在纸上写下你觉得你擅长的记忆类型的关键词，如：联想型记忆、视觉型记忆、理解型记忆、听觉型记忆、重复型记忆、规律型记忆、有意义型记忆、形象型记忆、抽象型记忆、逻辑型记忆。

2. 回忆"1.5 记忆的本质"一节的内容，用笔记下你所能回忆的所有内容。

希望你尽可能多地回忆，但不要回去看，不管是图片、文字、数据、结论等，只要你能想到的，都记下来。

我想你能回忆起来的就是那条记忆曲线图，甚至都不记得叫"艾宾浩斯曲线"。还能记得我们用海兔作为实验体来研究吗？其他的内容你还能回忆起来吗？

我们可以得出什么样的结论呢？

1. 我们的大脑更倾向于图像化的记忆，而在图像化中更喜欢刺激型的图像。通俗点说，就是刺激性强的图像内容更容易在大脑中留下印象。

2. 我们的大脑也喜欢记忆具象的东西，比如海兔，尽管大家并没有看到过海兔，但海兔作为一种具象实体的东西，被大家所认可。

3. 我们习惯于记忆有意义的东西，比如那条曲线，我们会记住它叫"记忆曲线"，而不是"艾宾浩斯曲线"，因为"记忆"这个词本身对我们来说是有意义的，而"艾宾浩斯"是没有意义的。

4. 理解能加深我们的记忆，你对1.5.2、1.5.3和1.5.4三节的记忆应该为零，因为你没有读懂。而你看过记忆曲线的内容，你会记住一个大概，因为记忆曲线好理解而且有意义。

5. 联想会让记忆更加深刻，你要是在阅读的过程中有联想的意识的话，你脑海中会有一些画面。

6. 有规律地重复能巩固记忆，艾宾浩斯曲线就是要告诉我们这个。

7. 我们没法一次性记住很多东西，但会记住一些关键点、关键词等。比如"海兔""记忆曲线"等。

我们把上面的总结概括起来就是：联想记忆、理解记忆、图像化记忆、刺激性记忆、有规律的重复记忆、关键词记忆。

上面这六种记忆，是我们大脑喜欢的记忆类型，所以当我们记忆时要从中寻找方法，至于什么方法后面会讲，我想在这里给出几条记忆的法则，就如同修行时的内功心法一样，读懂了后面修炼记忆术就比较简单了。

法则一：联想是记忆的灵魂。

法则二：大脑喜欢具象的、有意义的、有规律的东西。

法则三：记忆时尽可能地先提取关键词，抓住主干部分，再逐步形成体系。

法则四：有规律地重复是形成长时记忆的必要条件。

我把上面的法则换成几句简单的话，作为记忆的方法论。

1. 没有意义的东西，想办法弄出意义来。

2. 能理解就不要死记硬背，就算死记硬背，也要有规律地重复，理解了的东西更要有规律地重复。

3. 使抽象的东西具象化，具象的东西图片化，图片化的东西刺激化。

4. 养成联想意识，无时无刻不联想。

5. 多维度记忆，说学逗唱、听说读写，无所不用其极，总有一个适合你。

6. 能在一大片知识当中找到关键点、关键词，作为线索，引出更多的东西。

在学习记忆方法之前，我们先来测试一下你的记忆力，顺便验证一下上面的原则是否正确。

💡 4.1.2 记忆测试

实验材料：笔、白纸5张，外加一个秒表。

实验方法：控制变量法。

准备好了吗? 拿好纸笔，记录好时间，看看自己的记忆力有多强悍，我们开始测试实验。

测试实验一：

本次测试是数字和字母的测试，给你120秒的时间，记忆字母和与之对应的数字，120秒之后，在白纸上写下你所记住的内容。

开始计时!

A	12
B	2111
C	2121
D	211
E	1
F	1121
G	221
H	11

I   1222

J   212

测试实验二：

记忆下面字母和对应的数字，不考虑顺序，完全记住并写在白纸上，并记录时间，测试一下需要多少时间才能记住。当你完全记住时，请在纸上记录下你此刻的时间是多少，精确到分钟。

开始计时！

R   121

O   222

H   1111

L   1211

S   111

W   122

X   2112

V   1112

Q   2212

M   22

测试实验三：

将下面列出的10项内容，努力记住它们及它们对应的数字顺序，并记录下自己120秒内能记住多少。

准备好了吗？

开始计时！

1. 托博·尼赞

2. 莫比乌斯

3. 因莱克

4. 勒克

5. 托尔曼

6. 皮亚杰

7. 布鲁纳

8. 奥尔苏伯

9. 加涅

10. 海得

测试实验四：

和测试实验三同样，准备好纸、笔和表，也是记忆下面10项内容，并记录下自己120秒内能记住多少。

开始计时！

1. A4纸

2. 海兔

3. 图

4. 小孩

5. 纸

6. 思维导图

7. 黑猩猩

8. 海马体

9. 天纸

10. 谷氨酸

测试实验五：

和测试实验三同样，准备好纸、笔和表，也是记忆下面10项内容，并记录下自己120秒内能记住多少。

开始计时！

1. 思维

2. 认知

3. 中心

4. 概念

5. 同化

6. 归因

7. 顺应

8. 反射

9. 融合

10. 平衡

到此，测试实验结束，我们来分析一下测试结果。

测试结果分析：

我们先来分析测试实验三、四、五的结果。这是一个控制变量的实验，三组实验数量相同，但是你记忆所需要的时间也不会相同，因为测试实验三是无意义字符组、测试实验四是具象词组、测试实验五是抽象词组。

最终的结果也可想而知，测试实验四应该至少能完全记住5个，实验五至少能完全记住2个，对于实验三，你可能一个也记不住，这里所说的完全记住是指将顺序和对应的词组完全一字不差地记下来。

回忆你记忆时脑海里发生了什么，是不是在测试实验四时看到"黑猩猩"，你脑海里面蹦出黑猩猩的形象？

同样，看到其他的，都有与之对应的具象事物在脑海里面浮现，所以很容易记住。

我们再仔细分析这测试实验四的10个词组：

1. A4纸

2. 海兔

3. 图

4. 小孩

5. 纸

6. 思维导图

7. 黑猩猩

8. 海马体

9. 天纸

10. 谷氨酸

"A4纸"，你很容易记住，因为非常具象，就在你的手边；但到"纸"你就可能有点问题了，虽然也是一个具象事物，但概念宽广，你脑海中没法快速指向某具体事物，不过你经常接触，所以也不难记忆；而到了"天纸"，你估计就抓狂了，这是什么玩意，虽然看似是具象事物，但却完全无法找到对应的具象事物，这其实是我创造的词组，并不存在，更没有这种纸。这就会出现两种情形，如果你思考了"天纸"是什么玩意，那么你反而很容易记住，而如果你跳过了，那你就记不住了。

同样的，"海兔""海马体""谷氨酸"其实都差不多，但"海兔"你有印象，脑海中虽然没有对应的具体事物，但能记住；"海马体"就更好记了，比较熟悉；但"谷氨酸"估计就麻烦了，因为对应不起来。

再来看测试实验五：

1. 思维

2. 认知

3. 中心

4. 概念

5. 同化

6. 归因

7. 顺应

8. 反射

9. 融合

10. 平衡

这些都是抽象性名词，没法找到具体指代，脑海中无法成像，记忆起来比较吃力。但如果认真看前面的内容，就知道这些都是我们熟悉的名词，所以会有一定印象。如果你理解了其意思，就能快速记住。

再来看测试实验三：

1. 托博·尼赞

2. 莫比乌斯

3. 因莱克

4. 勒克

5. 托尔曼

6. 皮亚杰

7. 布鲁纳

8. 奥尔苏伯

9. 加涅

10. 海得

如果你不是很认真的话，会以为这些都是前文提到过的名字。但你认真看的话，有一部分是无意义的词组，我重新组合了一下，不是前文的人名，也没有任何的意义，读起来还比较别扭，所以记不住也很正常。要是你能记住，那说明你记忆力和观察力都是很棒的。

再来比较测试实验一和测试实验二就知道，测试实验一中的词组比测试实验二中的词组好记。因为测试实验一中的词组是有顺序的，而测试实验二中的词组没有顺序，对于有序的东西，我们更加容易记住。

由此，我们可以得出一个结论：我们的大脑喜欢记忆能在脑海中快速成像或者有意义或者有规律的事物。在记忆时我们要尽可能地充分联想，充分理解，找到事物之间的内在联系。

在下一小节中要正式开始学习记忆方法，其实记忆方法也只是充分地应用了上面的结论而已，而且这些记忆术使用范围都是有限的，一般只能用来记忆电话号码、扑克等，闲来玩一玩是可以的，要想学习更高深的记忆术就不是一节能讲完的了。这里把原理和中心法则给大家梳理出来，感兴趣的可以搜索相关资料去看。

💡 4.1.3　记忆宫殿

记忆宫殿顾名思义就是用来记忆的宫殿，而所谓的宫殿最直观的例子就是故宫，也就是要在脑子里面搭一个故宫一样的宫殿用来记忆。不过学习得讲究循序渐进，所以我们先搭一个简陋的小房间，如果你觉得对你有用，你慢慢地再去搭建自己的宫殿。

先不讲原理，因为房间比较简单，所以就不搞太复杂的东西，你先跟着我走，思路要跟上。

想象一下，你站在一道门前，尽量具体地想象，门的形状、大小、颜色，从你熟悉的记忆中提取，也就是你家的门就好了，但要具体。继续走，打开门，你会看到一个冰箱。发挥你的想象力，想象冰箱的牌子、高度，冰箱颜色是灰色的，冰箱有两层，里面什么也没有，摆放在房间靠墙面，你一打开门就看到了。

继续走，在冰箱的后面有一个双人沙发，米色条纹的，你坐在上面，非常柔软舒服。继续往前走，是落地窗，长长的帘子正在随风摆动，阳光透过窗子照得整个屋子都很透亮。你慢慢走近，一缕缕的微风吹过，带着丝丝花香。在拐角处，你看到一个柜子，雪白的漆，在阳光下有点耀眼，这是一个单层的柜子，还有抽屉，不过抽屉里什么也没有。

继续走，拐过墙角，在墙壁上是一台高清的液晶电视，电视里正在播放《大话西游》，走过电视机后，来到主卧。主卧很干净明亮，并且很大，里面有一张双人床，被子折叠得整齐干净。从主卧出来，到了卫生间，里面只有一个马桶。

从卫生间出来，到了次卧，它比主卧小，里面只有一张单人床，上面的被子乱糟糟的，而且很不干净。你立马从次卧出来，你要离开房间了，这时你看到了门口的一个鞋柜，是三层的，和柜子是一个颜色，但这边没有阳光的照射，颜色显得很黯淡。

我们出了门，然后把门锁上。

这就是我们要建造的房间。我们再走一遍，一定要把每个事物都想得很具体，包括它的细节。

从门到冰箱、沙发、落地窗、柜子、电视机、主卧、卫生间、次卧、鞋柜，然后从门里出来。

闭上眼睛，仔细回想，走个四五遍后，我们的记忆房间就搭建好了。

看下面的10项内容，在脑海中想象出与之对应的具体东西。

1. A4纸

2. 海兔

3. 图

4. 纸

5. 小孩

6. 思维导图

7. 黑猩猩

8. 海马体

9. 天纸

10. 谷氨酸

接下来，我们把上面的东西放在刚才搭建的房间里面，前面说过大脑喜欢刺激的东西，所以尽可能地发挥想象力，夸张到过目不忘那种程度，能够引起你的情感更好。下面是我的思维过程，大家跟着走一遍，或者大家可以根据自己的喜好来。

我站在门口，发现一张A4纸堵住了锁眼，我拼命地撕，可是就是撕不开，不得已，我撞开了门。一下子，我惊呆了，冰箱上密密麻麻的都是海兔，串成一串，在做着不可描述的事情。当我想在沙发上坐会时，发现沙发上也是密密麻麻地印了很多小海兔的图案，也在做着不可描述的事。

我赶紧来到落地窗前，想透口气，可是刚打开窗，飞舞的纸片如洪水般从窗口涌进，我奋力关好了窗户，早已累倒在地。然而还没等我喘过气来，一个小孩从柜子里钻了出来，他打开了电视，而电视里播放的是一张张思维导图，像幻灯片一样在播放着。那个小孩看着思维导图手舞足蹈，兴奋极了。

我绕开小孩，想找个安静的地方休息会儿，可是我刚到主卧，一只黑猩猩跳了出来，一把把我扔进卫生间，还没等我站稳，我发现马桶里泡满了海马体，并蠕动着往外面爬，渐渐地爬到我的身上，我赶紧从卫生间出来，发现黑猩猩和小孩正在看电视，电视依然在播放着思维导图。

我立马钻进次卧，我看到了天纸，软软的、很洁白，铺在原本脏兮兮的单人床上，我正想上去躺一会儿，发现我的鞋子没有换，就去鞋柜找鞋子，刚打开，里面塞满了谷氨酸。

经过这几番刺激，我想你的大脑一定印象深刻了，从门到冰箱，然后沙发、落地窗、柜子、电视机、主卧、卫生间、次卧、鞋柜，这是个固定顺序，就代表1、2、3、4、5、6、7、8、9、10。你把要记忆的东西放在了相应的位置，等到你要用的时候就可以依次取出来。

1. 门上面有A4纸；

2. 冰箱上面是海兔；

3. 沙发上面印着图；

4. 窗户外面有涌进来的纸；

5. 柜子里面有小孩；

6. 电视里播放着思维导图；

7. 主卧里有黑猩猩；

8. 卫生间里有海马体；

9. 次卧里有天纸；

10. 鞋柜里有谷氨酸；

顺序就是你搭建房间时的物品摆放顺序，而你要记忆的东西依次放在房间里，你要的时候，就可以取出来。

这就是记忆房间的应用，记忆大师搭建的不仅仅是一个房间，而是一座宫殿甚至一座城池，里面有很多位置，可以摆放的就不仅仅是10件东西了。不过在运用记忆宫殿的时候，只需要把要记住的事物摆放好就行，不需要像我把物体也连续起来，形成一个故事，我这么写是想顺便提一下"故事记忆法"。所谓的"故事记忆法"就是把要背的东西用编故事的方式连起来，本来没有逻辑的，给了逻辑，本来没有意义的，赋予了意义，增加信息是为了更好地记住，而如果本身就很容易记住，那么增加信息就显得很多余。

不过，记忆宫殿也可以结合故事记忆法运用，因为故事构建在空间的基础上才不会成为空中楼阁，如红楼梦之于大观园。

至此，我们学习了记忆宫殿。我们通过联想把要记忆的东西赋予了具体形象，然后放在搭建好的记忆房间里，从而方便我们记忆。因为我们的大脑偏重于"空间记忆"，这也是记忆宫殿有用的原因，当然不排除某些"路痴"，可能会在自己的宫殿里迷路了，大家都知道，要想不迷路，那就把路认清，方法就是多走几遍。

💡 4.1.4　衣钩法

顾名思义，所谓"衣钩"就是铁打的挂衣服的钩子。和记忆宫殿一样，我们首先得固定好自己的钩子。一般来说，钩子可以是任意形状，只要能钩住衣服就行，而数字显然是最合适的钩子，因为其自带顺序属性。

怎么打造自己的钩子呢？就是把数字1、2、3、4……转换为具体形象，这里从儿歌找具象事物，大家也可以用自己想象的形象来对应相应的数字，毕竟自己的更适合自己。

1像铅笔细又高，2像鸭子水中游，3像耳朵两道弯，4像小旗随风飘，5像钩子挂半空，6像哨子吹一吹，7像镰刀割青草，8像葫芦扭扭腰，9像勺子能吃饭，10像大饼和油条。

也就是说，1对应铅笔的形象，作为第一个钩子；2对应鸭子的形象，作为第二个钩子；以此类推。把钩子建好了，如何用衣钩法记忆下面10个名词？

1. 思维

2. 认知

3. 中心

4. 概念

5. 同化

6. 归因

7. 顺应

8. 反射

9. 融合

10. 平衡

所谓衣钩法，就是把要记忆的东西挂到钩子上，产生夸张的联想，形成一幅记忆深刻的图，存储在自己的大脑中。

请看下面十个场景：

1. 一支铅笔正在摇晃着自己的脑袋，拼命地思索着，并绘制了一幅思维导图。

2. 一只鸭子发现了一幅思维导图，睁大眼睛，想完成对思维导图的认知，然而它的小脑袋实在搞不明白，连着脑袋的脖子也只能送到武汉而已。

3. 两只耳朵之间连接一条线，刚好穿过头颅的中心。

4. 我们在遇到重要概念的时候都会画上一面小红旗，以示重点。

5. 主体用钩子死死地钩着副体，企图同化副体。

6. 两个哨子拼合起来就是太极图，而太极阴阳就是万物的起因，万物便可归因太极。

7. 一把镰刀扫过，那些低头顺应的没事，而昂首挺胸的被一切两半。

8. 一只巨大的葫芦被磨成了镜子，上面反射出整个世界。

9. 用勺子舀了一勺水，又舀了一勺盐，慢慢地融合到了一起。

10. 一根油条和一张大饼放在秤上，平衡了。

大家可能觉得这种方法不是那么直观，而且还引入了很多无关的信息，似乎没有记忆宫殿法靠谱。但这也没办法，因为上面记忆宫殿的例子是具象化的名词，而衣钩法的却是抽象名词。如果你没有理解，单纯地只是要记住这些名词，那是很难的，更不要说长时记忆了。而我们把它放在衣钩上其实相当于提供了一个线索，就拿8对应的"反射"来说，当你在脑海中形成了8所描述的场景，那你会想到一个巨大的葫芦，想到一面巨大的镜子，于是给你提供了一个可以想到"反射"的线索，比单纯记忆"反射"还是靠谱多了。

"衣钩法"也有说法叫"定桩法"，和"记忆宫殿法"似乎也没有什么区别，都是自己搭建好位置，把东西往上放。但还是有点区别，衣钩法比较灵活，遵从逻辑顺序，比如你的衣钩可以是有序数字或者是字母，并且这些衣钩的形象是可以任意联想的。

相比较而言，记忆宫殿法是依据空间位置的，没有那么灵活，但可以构建得无比庞大，能存储的信息量也相当可观。

其实两者并不矛盾，我们甚至可以把"衣钩法"结合"记忆宫殿法"来使用，就是把钩子放在记忆宫殿里面，让它们具有特定的位置，拿前面的例子来说：

一支铅笔站在门前，拼命地转动着自己的大脑，想着怎么破门而入。好不容易打开门，看到一只鸭子和自己一样动用着小脑袋，想搞懂冰箱是个什么玩意，但看到的只是冰箱里面的武汉鸭脖。沙发上两只耳朵闹腾得更欢，都争抢着要坐到沙发的中心当老大，落地窗下的旗子仿佛是一个智者，在风中缓缓摆动，思考着世界是否由概念构成的问题。随着旗子的思考，这个世界发生了奇怪的变化，秤钩和柜子逐渐同化了。原来旗子把这两个概念混淆了，果然一面小旗子还是不太适合思考更高深的问题。电视机里的哨子看到了这惊人的一幕，吓得大声叫喊"嘘嘘嘘嘘"，但实在不知道该归因于谁。如果只是小旗子关于概念的思考发生了混乱，那么世界为何为之改变？这么不起眼的小旗子怎么能指挥世界呢？哨子也只是"嘘嘘嘘嘘"作响，祈祷小旗子不要把自己和那只傻鸭子给搞混了。听到嘘嘘声从主卧里面出来的镰刀也看到了这一幕，立马就顺应了小旗子，自己也立在了小旗子旁边。卫生间里的葫芦镜子，从反射中看到了一切，只是畏缩着不敢出来。勺子刚从次卧出来，还没反应过来这是怎么回事，突然就和葫芦融合为一体了，小旗子的概念又出错了。大饼和油条这下彻底慌了，它们只想彼此分离，保持平衡，绝不想成为一体。小旗子果然智商不高，勺子和葫芦都分不清，更不要说大饼和油条了。就此失去平衡的，不仅仅是大饼和油条，是整个世界。最后只有两面旗子在床边随风摆动，原来小旗子也没有分清自己和顺应于自己的镰刀，毕竟它们长得很像。

在这里，其实综合运用了"衣钩法""记忆宫殿法"和"故事法"，但一定要记住，引入更多的信息是为了更好地记忆，而如果引入信息并没有帮助我们记忆，那你会很混乱，还不如直接死记硬背。我想大家在读我上面一段话的时候感觉很混乱，因为你的记忆房间和钩子都没有搭好，所以，在运用这些方法的时候，一定不要忘了，本质是通过联想产生信息的关联，而这个关联是要在自己的房间和钩子都已经完成的情况下进行的，所以先好好地搭建房间吧。

作业：记忆26个英文字母对应的形象，作为记忆的"钩子"，在后面会用到。

A：帽子；B：花生；C：月牙；D：量角器；E：梳子；

F：手枪；G：衣钩；H：梯子；I：桌球竿；J：鱼钩；K：机关枪；L：镰刀；M：山峰；N：滑梯；O：鸡蛋；P：红旗；Q：气球；R：哨子；S：蛇；T：图钉；U：烧杯；V：剪刀手；W：电锯的锯齿；X：大叉叉；Y：弹弓；Z：鸭子。

💡 4.1.5 总结

记忆术先讲到这里。虽然还有很多很多的记忆方法，但不论什么方法，始终遵循这么几个原则，就是上面实验得出的结论，我在此再重新说一下。

法则一：联想是记忆的灵魂。

法则二：大脑喜欢具象的、有意义的、有规律的东西。

法则三：记忆时尽可能地先提取关键词，抓住主干部分，再逐步形成体系。

法则四：有规律地重复是形成长时记忆的必要条件。

这里我讲一下关于"记忆术"的看法，不论是"记忆宫殿法"还是"衣钩法"，你会发现，这些方法用来记忆无意义的东西十分有效，诸如，数字、扑克牌、字母、单词等，而记忆大赛比的就是这些东西。所以说，记忆术更像是用来比赛的，而对于一般人来说，不是为了参加比赛很难有时间来搭建一座记忆宫殿，来学习各种数字、扑克牌的记忆方法。学习记忆术用来记忆没意义的东西其实没什么意义，就算你记住了下面10个词：

1. 思维

2. 认知

3. 中心

4. 概念

5. 同化

6. 归因

7. 顺应

8. 反射

9. 融合

10. 平衡

而你不知道是什么意思，对于学习来说，也没有什么用。

"记忆术"可以作为平常无聊时的一种思维游戏，的确很好玩，但要说用来学习，我是绝不允许自己用记忆术来记忆唐诗的，有些东西得用心体会。而对于记忆最雷打不动的两条原则就是：

1. 有规律地重复。

2. 归纳总结，找出关键词和内在联系，形成知识体系。

4.2　费曼学习法

"费曼学习法"被称为学习的终极法门，相传费曼就靠着这个方法一年内完成了大学四年的课程，不过这一说法是否属实有待探究，因为这个学习法是否为费曼先生所创造都还不一定。

💡 4.2.1 费曼学习法综述

费曼学习法概括起来就四个字：教以促学。

看到这四个字，大家能否想到在第1章"学习之道"里面我讲的"用以致学"，"教"就是"用"的一个具体体现，包括前面的思维导图也是"用"的一个方面，后面还会讲到一些学习方法都只是"用"的体现。从这里也可以看出，所谓"学习之术"就是在"道"的基础上拓展延伸的，换句话说，你要是真搞懂了"学习之道"，那你也可以创造出自己的学习之术。而反过来，在创造学习之术的同时，就是对学习之道的一种应用，也是在进一步学习"学习之道"，这就是"道"和"术"的关系。我现在用"学习之术"来学习"学习之道"，以"1.2.1 克勒的顿悟说"一小节作为学习材料，来对比一下和你以往的学习方式有何不同。

现在来讲解终极学习法：费曼学习法。

💡 4.2.2 原理和步骤

首先，请你看一下"1.2.1 克勒的顿悟说"一小节。务必要看！

现在再来讲一下费曼学习法的原理，虽然已经有前面讲的学习之道，但为什么"教"作为"用"的一个方面会被称为终极呢？其实这个不难理解，你只要回忆一下曾经教过你的老师，那些你觉得比较厉害的老师都是能把知识"玩得很转"的老师。而他们之所以能把知识玩转，是因为自己充分理解了，并且有自己的见解和观点，这样在自己消化吸收后才能更好地把知识传授给学生。而这样的老师往往不带课本，也不屑于做讲义，很多知识随口就来，做讲义也只是因为学校规定。而拿着讲义，带着课本，上课了就照着课本念一遍，这些老师也基本上属于混日子型，自己都没搞懂又怎么能教会学生呢？当然，这是最主观的佐证，就是说要想教人，你就必须自己先搞懂。更深入一点的理论依据就是：学习金字塔理论（在后面供大家参考）。

"教"是"用"的一个体现，同时也检验你是否真正搞懂了一个知识点。而这个检验的过程就是反思的过程，就是对原有的认知结构进行修正。

现在正式进入费曼学习法的学习。

请你想象一下，你的眼前有很多学生，你要向学生传授关于"1.2.1 克勒的顿悟说"，看看你是一个照本宣科的老师，还是一个能把知识玩转的老师。

是不是发现无从讲起，脑子里一片空白，这就对了。这就是费曼学习法的奇妙之处。你没有真正搞懂，是讲不出来的，很多时候你以为你自己懂了，其实并没有懂，而你自己却不知道自己没有懂，费曼学习法分分钟教你做人，因为你没有懂的话，你是无从开口的，你只能照着书念，就成了那个照本宣科的老师了。

现在重新看一遍，这次我希望你带着这几个问题去看：

1. 我要搞懂哪些东西？

2. 我哪些地方没有搞懂？

3. 我要怎么把我搞懂的东西更好地讲出来，让别人也搞懂？

我默认你又认真地看了一遍，划重点，找概念，思路很清晰了。你可以试着自己讲一下，一定要开口讲出来，讲不下去了，就返回去再看一遍，看了再讲，直到自己能合上本书，随口就能讲出来，还能讲得头头是道，那说明你已经把知识玩转了，认知结构已经在你脑海中形成了，而且还能顺便练一下口才，到时候和别人吹牛的时候，张口一个"认知主义"，闭口一个"克勒"，把人吹得一愣一愣的，不要讲卡顿了，不然脸就丢大了。

下面是我的思路，你可以和你自己的思路对比一下，看看我的差在哪里？

首先，你在讲一件事情或者学习一个东西时，要有一个宏观的认识，这样你能更好地把握，就好像你对一辆车上的一颗螺丝钉是左旋还是右旋、精度是多少、材料是什么，甚至连加工工艺都知道了，但你不知道这颗螺丝钉要放在哪里，这是不行的。

克勒的顿悟说是认知主义学习理论的源头，所以我把它放在了第一小节，而克勒之所以把它叫"顿悟说"，其实是有别于行为主义学习理论的。行为主义学习理论认为学习是主体在外界环境的刺激下产生反应的过程，而中间的过程就如同黑箱子一样。行为主义并不在意中间发生了什么，而认知主义就是考虑这个黑箱子里发生了什么，克勒认为是"顿悟"，这个"顿悟"也就是学习的过程。

再聚焦到"顿悟说"本身，"顿悟"可以理解为在黑箱子里发生的学习过程，而在这个过程中形成了"格式塔"。那格式塔的概念是什么呢？它可以理解为一种初步的认知结构，而这种结构具有一种特性就是分离的完形，所谓分离的完形就是可以单独分离出来，但依然具有完整性。

这其实就是你要讲的东西，或者说你要学会的东西，如果你能把上面的两点讲清楚基本上就可以了，但如何才能更好地让学生理解呢？

这其实可以参看我在顿悟说里面怎么讲的，而我讲的那些东西也是参看了克勒的著作和一些论文资料，然后想办法把这些东西讲给大家。

我所采取的策略就是把克勒的实验以故事的形式讲出来，然后引出概念，再结合故事来讲解概念，前面也说过视觉化思维，所以在格式塔那里，我放了一幅图，便于大家理解。当然，我相信大家会有更好的方法。

费曼学习法总结起来就四个字：教以促学。

现在，合上书本，把费曼学习法讲出来，看看你搞懂没有？

4.2.3 学习金字塔理论

所谓"学习金字塔理论"，其实是对不同学习方式所到达的成果的一个比较，从高到低，最后形成一个金字塔。学习金字塔理论是由美国学者埃德加·戴尔（Edgar Dale）1946年率先提出的，他分别实验研究了七种学习方法，并且以学习保持率作为学习成果参考，分别是听讲、阅读、声音与图片、示范、小组讨论、实际演练和教别人/马上应用，如图4.1所示。

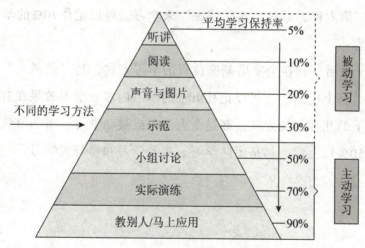

图4.1 学习金字塔

在塔尖上的是第一种学习方式"听讲"，也就是老师在上面说，学生在下面听，这种是我们最熟悉、最常用的方式。但是，24小时以后学习的内容只能留下5%，是最低效率的学习方法。

第二种，通过"阅读"方式学习，学到的内容，可以保留

10%。你阅读本书就是这种方式，也就是说，你只靠阅读的话，最终你只能吸取到本书10%的内容。

第三种，用"声音与图片"的方式学习，可以记住20%的学习内容。

第四种，采用"示范"这种方式学习，可以记住30%的学习内容。

第五种，通过"小组讨论"来学习，可以记住50%的学习内容。

第六种，通过"实际演练"来学习，可以记住70%的学习内容。

最后一种在金字塔基座位置的学习方式，是"教别人"或者"马上应用"，可以记住90%的学习内容。学习效果在30%以下的几种传统方式，都是个人学习或被动学习；而学习效果在50%以上的，都是团队学习、主动学习和参与式学习。这也符合认知主义学习理论的观点，要发挥主观能动性，"学以致用，知行合一"。

4.3　康奈尔笔记法

经过费曼学习法的学习，大家应该对"学习之道"有了更深的领悟，这个领悟中的"悟"是在应用和反思的过程中产

生的。前面费曼学习法的核心在于教以促学，而"教"就是
"用"的一个具体体现，同时也成为"反思"的一个依据。我
们就前面这段话进行"反思"，会发现费曼学习法就学习过程
而言，重点体现的是"应用"和"反思"的过程，没有体现
"习得"这一过程，这就是费曼学习法的缺点，没有"习得"
就想"应用"，这是不符合事物发展规律的。这一节所要讲的
康奈尔笔记法就是为了弥补费曼学习法的缺陷，康奈尔笔记法
所体现的是"习得"的过程。

4.3.1 康奈尔笔记法概述

在学习之前，我想让大家思考几个问题：

1.你在学习的时候是如何做笔记的？

2.你记的笔记都有哪些内容？是摘抄、感悟、思考、计
算，还是随手涂鸦？

3.你会去复习你自己的笔记吗？你觉得看自己的笔记有没
有作用？

4.你觉得做笔记重要吗？

大家就以阅读本书时所做的笔记回答上面的问题。

结合本书前面所讲的内容，不论是"思维导图""记忆
术"，还是"费曼学习法"都是对"道"的一个具体"应
用"。我一直在带着大家来完成这个转换过程，想必大家一定
有所体会，有所领悟了。"应用"和"反思"之后就到了"创

造"，接下来我带着大家体会创造的过程。

如果让大家发明一种记笔记的方法，你会发明什么样的方法？如果我告诉你，有一种记笔记的方法非常高效，你觉得会是什么样的？

我现在就带着大家来体会这个创造的过程，当然，先声明一点，康奈尔笔记法早已存在，我现在只不过是结合前面的学习之道来还原历史，让大家体会一下怎么应用知识来创造。

💡 4.3.2　康奈尔笔记法的创造过程

康奈尔笔记法是针对"习得"这一过程的。在我总结的学习过程中"习得"包含两个方面：一个是"理解"，另一个是"记忆"。当然这是从主观上来讲，抽象一点就是认知结构的形成和信息的存储，再深究就是神经科学方面的东西，我们这里不做深究。

理解，实在没什么好说的，在前面"1.4 理解力"一节中我很任性地写了一篇小说在那里，你能理解多少，就看你的理解力了。对于"理解力"，我觉得就是一个人的天赋了。当然这个天赋不是谁聪明、谁不聪明，而是说某些人在某个方面能够很好地理解。比如我，在抽象思维方面我觉得我是有天赋的，能够很容易理解一些东西，但是在其他方面我就表现得很弱智。所以，我希望大家在学习的时候能够发挥所长，不要让自己的天赋被白白埋没，还要去硬着头皮搞自己不擅长的事。

关于"记忆力",我前面讲的最核心的东西除了"联想"外,就是"关键词"和"有规律的重复"两大原则。抓住了关键词,其他东西都是顺藤摸瓜而已,有规律重复能引发长时记忆。

我们要发明的记笔记的方法就是从解决"习得"问题推进到"理解"和"记忆"的。抛开"理解",我们从"记忆"推进到了"关键词"和"有规律的重复",那么问题就是在记笔记中如何体现"关键词"和"有规律的重复"呢?

我们还是通过案例来学习,大家阅读"1.2.2 托尔曼的认知—目的论"一小节,并做好笔记。

我想大家记的笔记应该是这样的,如表4.1所示。

表4.1 学习笔记

1. 小白鼠在自由活动的时候进行了学习和认知,并在自己的脑海中形成了认知地图
2. 学习就是期待的获得,学习者有一种期待的内在状态,推动学习者对达到目的的环境条件产生认知。有机体的行为都在于达到某个目的,并且学会达到目的的手段

如果是这样一份笔记,勉强算是及格,算是摘抄记录型的笔记,并且也找到了关键的地方,那么一份不及格的笔记是什么样的呢?

可能会把小白鼠的实验,还有我讲的一些废话一并抄上,这些可以算是无关信息,需要概括和提炼。那大家可能要问了,既然是无关信息我还写出来,不是干扰大家吗?可是大家想一想,如果我直接这样写:

1.2.2 托尔曼的认知—目的论

1. 小白鼠在自由活动的时候进行了学习和认知，并在自己的脑海中形成了认知地图。

2. 学习就是期待的获得，学习者有一种期待的内在状态，推动学习者对达到目的的环境条件产生认知。有机体的行为都在于达到某个目的，并且学会达到目的的手段。

显然，这是不行的，我详细的描述是为了便于大家更好地理解，而要理解的东西就是这两句话。当然，我见过最蠢的记笔记的方式就是不假思索把整段都抄下来。

那么怎样才是更好的记笔记方式呢？回忆上面所说的"关键词"和"有规律的重复"。

记笔记时最好自己先理解了，然后用自己的话写出来，并写下自己的一些心得和体会。当你理解了并且对于原作者的话拍案叫绝时，那你就不需要用自己的话重复了，可以直接摘抄。但阅读表4.1的两句话后，是不是发现自己快被绕晕了？别说记住了，下次你再看自己笔记的时候可能都无法理解。

所以重新用自己的话复述，并有自己的心得体会，我的理解如表4.2所示，仅供参考。

表4.2　学习笔记

1. 认知过程就是在大脑中形成一幅地图，小鼠因为有了这幅地图，所以能够正确选择道路 2. 学习具有目的性，这一目的是由环境条件产生来推动学习者学习的，就小鼠而言，目的就是食物

用自己理解的话写出来是不是有种亲切感？如果你做笔记一直是这样的，那你可以说是一个优秀的学习者了，这份笔记可以给85分，体现了你自己的理解。

那如何再去体现"关键词"呢？就是浓缩，把关键词找出来，如表4.3所示。

表4.3 学习笔记

1. 学习形成认知地图 2. 学习具有目的性，目的推动学习	1. 认知过程就是在大脑中形成一幅地图，小鼠因为有了这幅地图，所以能够正确选择道路 2. 学习具有目的性，这一目的是由环境条件产生来推动学习者学习的，就小鼠而言，目的就是食物

当然，你也可以再浓缩一点，只作为一个索引关键词，如表4.4所示。

表4.4 学习笔记

1. 认知地图 2. 目的	1. 认知过程就是在大脑中形成一幅地图，小鼠因为有了这幅地图，所以能够正确选择道路 2. 学习具有目的性，这一目的是由环境条件产生来推动学习者学习的，就小鼠而言，目的就是食物

到这一步，我们把关键词提取出来，放在前面，作为索引，那如何才能体现"有规律的重复"呢？

那就按照"艾宾浩斯曲线"所提供的黄金时间段进行复习，我们在复习的时候，可以再对笔记做总结、批注和修改，如表4.5所示。

表4.5 学习笔记

1. 学习形成认知地图 2. 学习具有目的性， 目的推动学习	1. 认知过程就是在大脑中形成一幅地图，小鼠因为有了这幅地图，所以能够正确选择道路 2. 学习具有目的性，这一目的是由环境条件产生来推动学习者学习的，就小鼠而言，目的就是食物
托尔曼的认知—目的论 学习的目的驱动着我们学习，也体现了目的对于学习的重要性	

我们应用自己所学的"道"创造了一种记笔记的方法，就是著名的"康奈尔笔记法"。当然，我们只不过是还原了历史，真正的发明者是康奈尔大学的沃尔特·鲍克等人。他们为纪念自己的大学，就用自己大学的名字命名的。

💡 4.3.3 康奈尔笔记标准模板

如表4.6所示，康奈尔笔记标准模板分为主栏、副栏和回忆栏。

右上最大的空间是我们平时做笔记的地方，就是"主栏"，你按照平时的习惯记录就行了。

左边那竖着的一条空间叫作"副栏"，是用来归纳右边的内容的，写一些提纲挈领的东西，这是对笔记内容的进一步提炼，也方便你查看索引笔记。有时候我们可以遮住"主栏"内容，只看"副栏"的内容来复习知识点。

最下面一栏是用来做总结的，叫作"回忆栏"。这个是你按照"艾宾浩斯曲线"复习时的总结和感悟，可以写在"回忆栏"里，是用来回忆的。我通常也会在学习或者上课的时候将自己的心得或感悟写在此栏。

表4.6　康奈尔笔记标准模板

副栏	主栏
回忆栏	

💡 4.3.4　康奈尔笔记的意义

康奈尔笔记还有另外一个名称是5R笔记，这5R更能体现康奈尔笔记的精髓，具体说来，这5R就是：

记录（Record）：在听讲或阅读过程中，在主栏内尽量多地记有意义的论据、概念等讲课内容（我的另一种思路是上课在副栏简化记录，下课在主栏扩充）。

简化（Reduce）：下课以后，尽可能及时将这些论据、概念简明扼要地概括（简化）在回忆栏或副栏。

背诵（Recite）：把主栏遮住，只用副栏中的摘记提示，尽量完整地呈现课堂上讲过的内容。

思考（Reflect）：将自己的听课随感、意见、经验、体会之类的内容与讲课内容区分开，写在回忆栏上。

复习（Review）：按照"艾宾浩斯曲线"的黄金时间段来快速复习笔记，主要是先看副栏，适当看主栏。

康奈尔笔记法本身很简单，用不了三分钟你就可以学会，但我想教给大家的是笔记背后所蕴含的东西，只有了解了背后的东西才能明白意义所在。乍一看，只不过是把笔记分为了三个部分，而这样分是综合运用了一些学习的原理，真正体现了"习得"过程中的高效记忆，也正因如此，才能经受住时间的考验得以流传。而我们如果了解了这些原理也可以找出适合自己的记笔记方式。

4.4 解 构 学 习

"解构"是一个重要的学习理念，是自学的一个核心方法论。在大家的认知里，学习应该有老师、课本、教室，就算是自学也得有本教材，才能完成学习。如果给你一个学习任务，但是没有老师、没有课本、没有任何系统的教程，你要如何进行学习呢？我将以1.5.2、1.5.3、1.5.4三小节的阅读和学习为例，用两节的内容来讲解"解构学习"理念。解构主要包含分解和重构两个部分。"4.4 解构学习"一节主要讲分解，"4.5 信签纸学习法"一节主要讲重构，而"信签纸学习法"体现了"解构"的学习理念。

4.4.1 解构学习概述

对于学习来说，老师的意义是无比重要的，一个好老师是可遇不可求的，几句话就能让你开窍，少走弯路。而对于自学者来说，没有老师，唯一有的就是教程，所以在自学的时候，好的教程显得非常重要，能够让你事半功倍。因此在学习之前花点时间查找好教程是必要的，而一旦确定好教程，不要贪多，把它吃透后再慢慢看其他的。

而我这里要说的是"无教程式"学习，当然一般人也遇不到这个问题，能遇到这个问题的人要么学得特别偏，要么就是在做很前沿的工作，或者学得特别庞杂。这里的无教程是指在一个领域里面没有系统的、针对性的教程，但会有很多资料、论文或者只是沾一点边的文章、报告什么的，但十分凌乱庞杂。如果什么都没有，那你是在探索未知的领域，早已不在自学的范畴里面了。

4.4.2　解构学习的含义

我想先谈一谈"解构"一词，该词是由钱锺书先生翻译的，指对有形而上学稳固性的结构及其中心进行消解，每一次解构都表现为结构的中断、分裂或解体，但是每一次解构的结果又都产生新的结构。当然，"解构学习"可以说不仅仅是一种方法，更是一种学习理念，由这种理念可以创造出各种各样的方法，而这个理念也是我从"认知主义学习理论"中继承过来的。

"解构学习"就是把原有的结构进行分解，而每一次分解的结果又都产生新的结构，然后把新结构逐一理解后，再重构原来的结构，从而理解并掌握整个知识体系。

具体来说，就是把你要学习的比较大的知识结构进行分解，细化成小的知识结构，这样方便查到与之相关性强的文章；等把各个小的知识结构弄懂之后，再重构合成为大的知识结构，从而形成知识体系。所以"解构"主要分为分解和重构。

比如说，我要学习关于记忆方面的知识，关于记忆的知识体系很庞杂，并没有一本书能系统地把所有关于记忆的知识点讲清楚。但如果我要做的偏偏就是系统地学习记忆，那我就可以把它分解成"记忆的历史""记忆的过程""记忆的基础""记忆的提升"等。如果还是找不到相关资料，那我们再进一步分解，拿"记忆的基础"来说，分解为"记忆的心理学基础"和"记忆的生物学基础"。进一步，把"记忆的生物学基础"再细分到"记忆的神经学基础"，再细分到"记忆的细胞基础"，再细分到"记忆的分子基础"。总之，分得越细，就越具体，越好找到相关的文章，这样分解后逐个击破，最后再慢慢重构成为一个整体。

当然，记忆这个范围实在太大，一般人不会学习这么多的东西，因为就记忆来说，很多人一辈子也不可能完全搞懂，很多专家学者也只精于其中某一部分。这也反过来说明，每个人都只懂一部分，所以你要解构出来，才能找到真正懂的人，也才能找到相关的文章，再去一部分一部分地搞懂。

这个方法同样适用于一些学习和阅读，比如给你一篇文章，你整体来读是根本读不懂的，那你就要分解成各个小部分再逐一击破，最后一网打尽。比如1.5.2、1.5.3、1.5.4三小节的学习和阅读。我想你第一遍就跳过了，所以也不会让你回头再读一遍，因为你再读十遍也读不懂，如果你没有学好生物的话，这里就需要解构。

4.4.3 解构学习的分解过程

那怎么来解构呢？主要分为分解和重构，先来看分解过程。

分解是把知识结构分解开来，容易理解，逐个击破。

1.5.2、1.5.3、1.5.4三小节研究的是关于长时记忆和短时记忆的生物学基础，这是我们首先要明确的。再进一步分析，你会发现很多过程、很多东西都不懂，所以那三节内容读起来很晦涩，读不懂。解构的时候，你要把你不清楚的过程和知识点重新查找出来弄明白，比如说海马体、神经元、反射及反射弧、习惯化、敏感化、基因表达过程等，否则，我们的阅读和学习无法进行下去。这些事都是大家自己要去做的，在此我给大家简单地总结了一下，如果还是不明白，想要了解具体内容，可去查阅相关资料。

海马体：长得像海马，所以叫作海马体，主要负责大脑的短期记忆，充当转换站角色，就像计算机的内存一样，但没有永久保存的功能。

神经元：又称神经细胞，是构成神经系统结构和功能的基本单位，神经元由细胞体和细胞突起构成。细胞突起是细胞体延伸出来的细长部分，又可分为树突和轴突。每个神经元可以有一个或多个树突，可以接受刺激并将兴奋传入细胞体。每个神经元只有一个轴突，可以把兴奋从胞体传送到另一个神经元或其他组织。在长的轴突上套有一层鞘，组成神经纤维，它的末端的细小分支叫作神经末梢。

反射：在中枢神经的参与下，人和动物对外界环境刺激做出的规律性应答。

反射弧：是实现反射活动的神经结构，也是执行反射活动的生理基础。从接受刺激到发生反应，是神经系统内循环的路径。一个完整的反射弧一般包括五部分：感受器、传入神经纤维、神经中枢、传出神经纤维和效应器。

兴奋：是以电信号的形式沿着神经纤维传导的，这种电信号也叫"神经冲动"，在神经元之间通过神经递质来传递。

习惯化：指当一个不具有伤害性刺激重复作用时，机体对该刺激的反射性行为反应逐渐减弱的过程。

敏感化（假性条件化）：强的刺激引起一定的伤害后，同类的弱刺激引起反应增强的现象。

腺苷酸环化酶：是膜整合蛋白，能够将ATP转变成cAMP，引起细胞的信号应答。

环磷酸腺苷（cAMP）：是细胞内参与调节物质代谢和生物学功能的重要物质，是生命信息传递的"第二信使"。

5-羟色胺：最早是从血清中发现的，又名血清素，广泛存在于哺乳动物组织中，特别在大脑皮质层及神经突触内含量很高，它也是一种抑制性神经递质。形成过程：色氨酸经色氨酸羟化酶催化首先生成5-羟色氨酸，再经5-羟色氨酸脱羧酶催化成5-羟色胺。

代谢型受体：是一类本身不是离子通道，但可以通过第二信使间接影响离子通道活性的受体。常特指代谢型神经递质受体，特别是代谢型谷氨酸受体。

离子通道型受体：是一类自身为离子通道的受体，即配体门通道（ligand-gated channel）。主要存在于神经、肌肉等可兴奋细胞里，其信号分子为神经递质。神经递质通过与受体的结合来改变通道蛋白的构象，导致离子通道的开启或关闭，改变了质膜的离子通透性，在瞬间将胞外化学信号转换为电信号，继而改变突触后细胞的兴奋性。

介导回路：直接导致行为的发生。

调控回路：作用于介导回路，调节介导回路的突触强度。

基因的表达：通过DNA转录和翻译合成蛋白质，形成新的性状。

在此我们把整篇文章进行了分解，把不懂的概念单独拿出来搞懂了，然后就要回到文章中，进行重构了。

4.5　信签纸学习法

"信签纸学习法"算是我首创的一种学习方法，不过说创造不是很确切，更多的是改良和融合。不过"信签纸学习法"作为"解构学习理念"的载体，也将承载着构建知识体系的重任。前一节讲了"解构"中"分解"的过程，这一节要讲"重构"，下一节讲"构建知识体系"，所有这一切都包含在"信签纸学习法"中，同时也包含了"费曼学习法""康奈尔笔记法"和"思维导图"，所以是所有学习方法的集大成者。它主要适用于课堂式的学习，适用人群为学生，旨在构建知识体系。我曾在很多场合给很多人分享过这种方法，不过作为书面表达还是第一次。

💡 4.5.1 信签纸学习法的起因

说起起因，就是因为太穷了，买不起笔记本，所以就发明了这种学习方法。

还记得在大一的时候，每天要上好几门课，如果每门课都要一本笔记本就需要很多本子了，每次找笔记本都要很长时间。很多时候是一门课要记的东西不多，一个笔记本才用几页，课就结束了。为了节约，我就把本子剩余部分用来记另一门课的笔记，最后一个笔记本记了很多门课的笔记，看起来很凌乱，不好查找。为解决这个问题，买了很多不同大小的本子，但并没有什么作用。

有时候我要用草稿纸，但又没买草稿纸，那就在笔记本上写草稿，所以最后一个本子记得乱七八糟的，自己都不想看。后来学了思维导图，直接在笔记本上画的话，看上去会很乱。因为笔记本自带一些线条，如果在草稿纸上画，那就真的成了草稿纸。所以我前期做的一些思维导图是没怎么保留下来，估计都当作废纸扔了，只能去买A4纸。再后来又用康奈尔笔记法，专门地设计了模板，打印出来用。

所以你可以想象，那个时候我书包里面都是些啥？课本，笔记本而且是很多本，草稿本、A4纸、打印的康奈尔笔记模板。我只跑了几步，打开书包，那些纸就会变形到不成样子，我根本就没兴趣再看自己的笔记。你知道不复习笔记后果有多严重吗？不复习自己的笔记就没法掌握课堂知识，因此就会挂科，挂科了就没法毕业，没法毕业我就会抑郁，到那个时候……，好吧！不管怎么说，为解决这一系列"世界级"的问题，一种学习方法应运而生，就是信签纸学习法。

💡 4.5.2 信签纸学习法的正面

其实说白了，"信签纸学习法"就是我综合了"康奈尔笔记法""费曼学习法"和"思维导图"而创造的一种学习方法。正面用"康奈尔笔记法"体现了"解构"学习理念的"分解"过程，背面用"思维导图"体现了"解构"学习理念"重构"的过程，而在学习的过程中充分应用了费曼学习法。

具体说来：

首先，我们得有一张信签纸，就是一般的信签纸，大家只需要直接买就可以了。而格式和上面学过的康奈尔笔记的格式基本相同，分为主栏、副栏和回忆栏，你可以在信签纸的基础上直接画条线就可以了。图4.2所示为我平常的学习笔记，为了更加清晰，我自己另制作了一个信签纸的电子版（word版），如

图4.3所示。

　　图4.2即信签纸笔记，信签纸里面的内容是我对1.5.2、1.5.3、1.5.4三小节的学习和阅读的学习笔记，是按照康奈尔笔记法所做的，体现的就是上一节的"分解"过程。

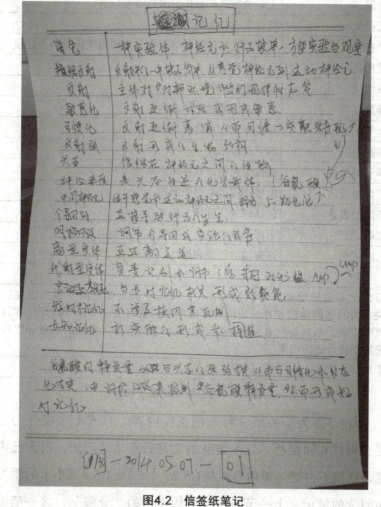

图4.2　信签纸笔记

凌风信签纸

记忆的研究	
海兔	作为实验体，神经元少，行为简单，方便实验与观察
缩鳃反射	反射中一种较为简单的行为，从感觉神经元到运动神经元
反射	人和动物对外部环境的规律性应答
反射弧	反射形成的生物学基础
兴奋	在神经之间传输的信号，分为传递和传导两个过程
敏感化	反射逐渐增强
习惯化	反射逐渐减弱
神经递质	是兴奋传递的化学载体
介导回路	直接导致行为的发生
调控回路	调节介导回路
离子型受体	能接受离子，具有离子通道
代谢型受体	能够间接影响离子通道
基因的表达	包括转录、翻译，用来合成蛋白质
短时记忆	不涉及核内机制，主要与氨基酸的释放有关
长时记忆	新突触的形成和维持
习惯化和敏感化是短期记忆的表现，其与神经突触之间突触的强度有关，而突触的强度和神经递质谷氨酸的释放量有关，所以短时记忆和谷氨酸有关，长时记忆和突触的形成生长和维持有关，突触的形成和生长维持需要合成蛋白质	

【1130】–2014–05–07–【01】

图4.3　信签纸笔记电子稿

图4.3即为信签纸学习法的正面内容，格式上主要分为主栏、副栏和回忆栏，这个遵从的就是康奈尔笔记法，前面已讲过，这里不再提。而内容就是1.5.2、1.5.3、1.5.4三小节的学习和阅读的笔记。上一节讲了"解构"中的"分解"，这一笔记

就是分解的体现，"分解"的过程在上一节已经讲过。

💡 4.5.3 信签纸学习法的背面

既然分解完了，如何重构呢？

"重构"的目的就是把分解的结构重新组合成为完整的结构，并表达出来。它有很多种方法。

思维导图作为一个重构的工具，有其优越性，因为思维导图具有"层级性"，层层递进之后到达一个中心点，最后形成一个完整的结构。绘制一幅思维导图的过程其实就是"重构"的过程。我们接着以1.5.2、1.5.3、1.5.4三小节的学习和阅读为例，来进行重构。

其实1.5.2、1.5.3、1.5.4三小节的内容就是以海兔作为实验对象的，通过研究海兔的"缩腮反射"来研究记忆，而所研究的记忆分为长时记忆和短时记忆，这是整篇文章的主体结构。

我们先来看"缩腮反射"，因为不论长时记忆还是短时记忆都以"缩腮反射"为基础，我们在解构的时候已经知道了"缩腮反射"的概念。具体到海兔，其反射弧是由感觉神经元和运动神经元组成的，所不同的是海兔还有一个中间神经元，并且中间神经元作为调控回路，起到调节作用。感觉神经元和运动神经元作为介导回路，起到传输作用，调控回路对应的是代谢型受体，而介导回路对应的是离子型受体，这是海兔"缩腮反射"的生物基础。

我们先来看"短时记忆形成的过程"。短时记忆的具体体现就是习惯化和敏感化，拿"敏感化"来说，对应到海兔上，就是谷氨酸（作为神经递质，传递信息，前文可知其概念）的释放量增加，信息传递的效率提高，从而增强了突触的联系，并使缩腮反射幅度增大。这种幅度的增加是靠调控回路来调节并维持的，其调控过程是通过中间神经元释放5-羟色胺，感觉神经元上的代谢型受体识别5-羟色胺后，细胞内的腺苷酸环化酶被激活，此酶使AMP环化，形成cAMP（环单磷酸腺苷），cAMP使蛋白激酶A的催化单位释放出来，蛋白激酶A的催化单元促进谷氨酸的释放。因为中间神经元的传递过程持续时间较长，所以维持并增强了突触之间联系的强度。同理，可知习惯化的过程。

所以，我们可以这样说，由于介导回路的改变，调控回路维持住这种改变从而形成短时记忆，而其中，cAMP和蛋白激酶A促进感觉细胞末梢释放出谷氨酸，而谷氨酸释放量增加是短时记忆形成的要素之一。

我们再来看"长时记忆"，其实长时记忆是在短时记忆的基础上形成的，是突触联系强度的改变。但是，短时记忆是靠调控回路来维持谷氨酸的释放量从而维持突触强度的改变的，调控回路失效后，短时记忆消失，而长时记忆是靠维持突触数目的变化来维持突触强度的改变的，我们拿突触联系增强的过程来说。

反复用5-羟色胺刺激突触时，活化的5-羟色胺受体导致胞内第二信使cAMP被大量合成，激活了蛋白激酶A，进而激活MAP激酶，蛋白激酶A和MAP激酶转移到细胞核里。在这里，蛋白激酶A激活CREB-1，而MAP激酶使CREB-2失活。CREB-1激活基因表达，而CREB-2抑制基因表达。激活基因表达，新合成的信使RNA和蛋白质被运送到所有突触中，但只有被5-羟色胺刺激的突触能够利用它们合成新的突触末端，局部合成的蛋白质维持新突触的生长。所以，基因表达合成新的突触，并维持着突触生长从而实现突触数目的变化，形成长时记忆。由此可以看出，长时记忆与蛋白质的合成有关。

上面就是关于1.5.2、1.5.3、1.5.4三小节的重构过程，也是我的思维过程，我们要做的就是用思维导图来体现这一重构过程。

我们看信签纸的背面，信签纸的背面是白纸，特别适合绘制思维导图，如图4.4所示是我用思维导图对上述过程的表达，也是对1.5.2、1.5.3、1.5.4三小节的重构，前面没有看懂文章的可以参考下面这幅图来理解。

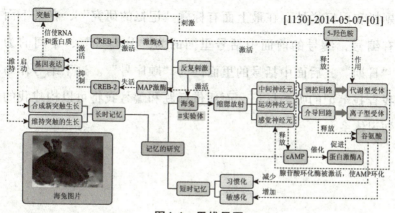

图4.4　思维导图

其实从图4.4中就可以看出，思维导图就是把前面分解的内容重构出来，而这个重构过程更多的是你的思维过程，思维导图只是一个表达工具。

💡 4.5.4 总结

"信签纸学习法"，信签纸的正面是康奈尔笔记，背面是思维导图，在中间过程中运用了费曼学习法，从而构成了整张信签纸。这个方法充分体现了"解构"的学习理念，这个方法的优势还有很多，需要大家在实际操作和应用中慢慢去体会总结。最后，我可以很自信地说一句：这是我目前为止认为最有效的学习方法，也是我目前一直在用的学习方法。

其实"信签纸学习法"除了是对"解构"理念的完美体现外，还有一个重要的方面就是可以用来承载整个知识体系，从而构建知识体系。细心的读者会发现图4.3的笔记中除了主栏、副栏和回忆栏外，在最上面有标题"记忆的研究"，在最下面有编号，编号的前面中括号里面的为"分类号"，中间的为"日期"，后面中括号的里面的为"顺序号"。这个编号作为我查找笔记的唯一标识，而凭借标题和编号我将可以构建我的知识体系。

4.6　构建知识体系

　　前面讲过认知过程从"习得、应用、反思、创造到融合"，是以单个知识点来举例说明的，而且本书的所有方法论似乎都是基于单个知识点来讲的，这就会给大家一种好像知识都是以点的形式存在的感觉。其实不然，一个孤立的知识点是不会有什么大的用处的，知识点只有形成知识体系才会真正有用。因为拥有了知识体系，你才能全面认识，并对具体事物做出判断；也只有形成知识体系，才能形成你自己的观点。看看如何用信签纸来构建自己的知识体系。

💡 4.6.1　构建知识体系的原则

　　本书是以网格式推进的，其实最让我头疼的是整本书的章节编排，为此我是煞费苦心。我想让读者从某个点很好地切入，但又不能仅仅局限于某个点，我不仅想让读者掌握知识点，更希望读者能够发现点与点之间的联系，最终把握全局，构建出自己的知识体系。为达到这个目的，我的原则是："循序渐进，回环往复。"不知道大家在阅读本书的时候有没有体会到这一点，如果体会到了，我的心血就没有白费。

总之，如同本书的编写一样，知识体系是错综复杂的，我们在构建知识体系的过程中需要遵循"循序渐进，回环往复"的原则。

💡 4.6.2　构建知识体系的认知

学习是一个错综复杂的过程，是一个由点到线、由线到网的过程。只有"循序渐进，回环往复"才能织就一张完整的知识体系网络，而且只有构建了完整的知识体系才能谈得上可以真正的应用。我把知识体系比作一个蜘蛛网，网络的交点如同一个个知识点，而知识点之间相互连接、相互作用、相互影响。你想象一下，一个点被往外扯的时候，其他点会给它一个约束，限制它的移动范围，而正因为有这个限制、这个约束、这个联系，所构建成的网络体系才能捕获猎物、抵御强风。当你编织出一个网络的时候，你很容易编织出更大的网络。但是就一个点或者一堆点来说，是没有用的，捕获不了猎物，风一吹就没了。很简单的一个例子就是一个老工程师和一个年轻工程师，他们掌握的知识点几乎都一样，但在解决问题的时候，老工程师很容易做出判断。他靠的是经验，而这个所谓的"经验"其实就是构建出了知识体系，他能根据一个点找到更多的点，最后作出综合判断。当然上面都是我个人的看法，我觉得"经验"不是什么神秘的东西，而是由知识点形成的知识体系。要想得到经验需要用时间来构建知识体系，但如果只是单纯地想靠熬时间来获得经验那是不行的。构建好了完整的知识体系，并且经过岁月的修正和检验，才能到达学习的最后一个过程——融合，这时候就能做到物我同化了。

💡 4.6.3 构建知识体系的步骤

那怎么才能形成知识体系呢?

以我自己的知识体系为例，仅供参考。

在追寻万物本源的时候，我把"一"作为万物的本源，我本身是一个无神论者，但我自己的经历告诉我，这个世界除了物质之外还有精神。所以我把"一"分为"物"和"灵"两部分，研究"物"的为科学，研究精神的为哲学、宗教和心理学。这里可能有人要说了，你这么说，意思是心理学不科学了。我也知道哲学探讨物质，前面我也说过，知识体系像是一个网络，本就是错综复杂的，但同时也具有树状的层级属性。为了更好地展示清楚，我们只考虑主要的，这里把知识体系的大树拿出来讲，抛开它的网络属性。

科学又可以分为自然科学和人文科学，在自然科学中，有研究物质组成、属性以及相互作用的化学，有研究物质运行规律的物理，还有研究生命的生物等;而在人文科学中，有历史、政治、语文、经济、社会等。当然，世界上的学问无所不包，我的分类是按照我自己的标准和兴趣以及我将要涉及的学科来分的，分类之后我会给每一个类别一个编号，如图4.5所示。

当然，这是我自己目前最大的知识体系，其实它还可以分为小的知识体系。就拿我作为底盘工程师来说，围绕着"底盘工程师"这个主干，最终需要形成的知识体系就是关于底盘包含的设计、加工、制造等所有的知识点，从而形成一棵大树。

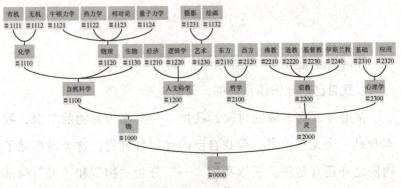

图4.5　知识体系

具体一点，比如以生物为例，对应的编号是1130，如果我对生物还要更进一步细分，分到细胞生物学或者分子生物学，那我就可以继续编号为1131、1132了。但我不是学这个专业的，将来也不会从事这个专业，我只不过是一时感兴趣，想学一点，所以我只分到大类1130就可以了。那么上一节表4.3下方的编号：[1130]-2014-05-07-[01]，我们就可以知道意思了。前面四位是我知识体系分类的编号，中间八位是记笔记当天的日期，而一天之内我可能记很多页笔记，所以最后两位是当天所记的序号。所以说，这个编号是唯一的。那这个编号有什么用呢？

其实是用来分类的，具体如下图4.6所示的分类文件袋，我会在上面贴上标签"1130-生物",如图4.7所示,最终效果如图4.8所示。

这样的文件袋,我已经满满当当地塞了几大袋,搬家都一直带着,因为这是我的一笔财富。

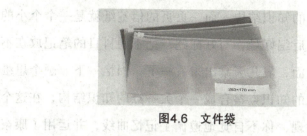

图4.6 文件袋

1130-生物

图4.7 标签

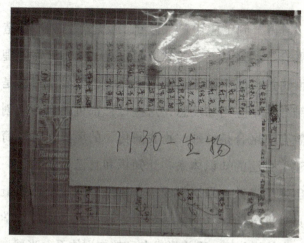

图4.8 文件袋

　　每天，我可能会去上不同的课，但是我只需要一本信签纸就行了，不需要多余的笔记本。上课在副栏记好关键词，下课后在主栏补充完成，回到宿舍开始复习整理记忆，在回忆栏上写下心得体会，然后在背面用思维导图画出每一页的内容，在大脑中形成整体的知识结构。而一页页的信签纸就是一个个小的知识结构，然后编好号，写好标题，把不同科目的笔记放在不同的文件袋里面，隔几天拿出来看一下，回忆一下。画个思维导图把几页纸的知识点整合成一个大一点的知识结构，在这个过程中你会发现，你不自觉地遵循了记忆曲线，并运用了康奈尔学习法，这便是完整的信签纸学习法。

　　通过这个方法，逐步地去构建自己的知识体系吧。

💡 4.6.4　总结

　　从"习得"到"应用"，再到"反思"再到"创造"，最后到"融合"，这是整个的学习过程。"习得"需要理解和记忆。前面讲过，康奈尔笔记法偏重习得，费曼学习法是初步应用，思维导图是应用和反思，这些过程都可能会产生创造，但没有到融合。融合是一种"物我同化"的境界，可以简单地理解为构建了自己的知识体系，让知识和自己融合到了一起。从一个点出发、发散，最后形成一个体系，而这个体系最终则体现在一页页拆分归类好的信签纸上，这些都是你自己学习过的知识点，你最终分解、重构形成自己的知识体系。当然，这一切都需要时间的沉淀，不仅仅是分个类、装几袋文件那么简单。

我们跳出来，从宏观知识体系的学习来看，通过上面的方法我们可以看到整个知识体系的构建都只是"习得"的过程，那如何去"应用"，如何去"创造"，如何去"融合"？这些将在下节中讲解。

作业：你现在是否能理解"1.4 理解力"一节的内容了？如果不能，要如何才能理解？

用解构学习法试试，答案就在书里面，前提是你了解了平行时空的概念。

如不理解，在后面的章节中我将为大家讲解。

4.7 项目学习法

"项目学习法"更像是一种从大局上来管理学习的方法，并且也是一个去实践和构建自己知识体系的过程。因为一个项目涉及很多学科知识，我们在实施项目的过程中，要综合地去应用这些知识点，不断地去反思、总结、梳理围绕着这个项目的知识体系，最终要有一个应用或者创造的结果，作为最终项目的成果进行提交，在这其中你还要综合管理各种资源。所以在工作中，完成一个项目后，我们感觉自己的境界都提高了。

不努力一下，你自己都不知道自己的潜能有多巨大。运用逆向思维来思考，在学习并构建一个知识体系时，我们不妨强逼自己一下，我们可以从做小项目开始。"项目学习法"就是这样来的，就是为了让你有点"项目感"，从而更好地管理你的学习，并逐步构建出知识体系。

从两个角度来分，"项目学习法"可以分为"项目教学法"和"项目学习法"。我们先来看看站在"教"的角度上的"项目教学法"。

💡 4.7.1 项目教学法

早在18世纪的欧洲，"项目教学法"就已经初具雏形，到20世纪中后期它逐渐完善，成为一种重要的理论思潮。

项目教学法，是通过完成"项目"的形式来进行教学的。在完成一个阶段的理论知识学习后，老师会综合几门课程的理论知识来建立一个项目，并交给学生，让他们独立完成信息收集、方案设计、项目实施，并最终提交成果。在整个项目完成过程中，老师发挥指导作用，对每个阶段的成果进行验收，学生自己动手完成任务。

我们来探讨一下项目教学法的思想依据。

首先，项目教学法中的项目是综合了多门学科而建立的，是对多门知识的一个综合应用。在这个过程中，我们独立的知识系统会交叉融合，最终形成网格式的知识体系。这也是学习最终的目的，即融合之后形成知识体系，项目教学法就是一个具体体现。

其次，在一个项目中，学生要独立完成，老师仅为"配角"，这就充分发挥了学生的主观能动性，有利于加强对学生自学能力、创新能力的培养。这一点也是"认知主义学习理论"和"构建主义学习理论"强调的。

同时还充分体现了"学以致用，用以致学"的学习理念。在平时的学习中，我们最多只会做作业，并没有实际去运用知识，创造出成果，而一个项目是必须要有最终成果的。在这个过程中，学生会体会到知识的用处和价值，并学会如何利用知识，这是非常重要的。并且在应用的过程中学生应该能够查缺补漏，知道自己哪些知识没有学到位。特别重要的一点是，有些实用的知识不适合考试，而有些容易考到的知识其实不太实用，所以在应用过程中我们要学会识别有用的知识。

作为老师，要有"项目教学"的思维理念，不仅要把知识教给学生，而且要教会学生如何去运用知识，这是"项目教学法"的价值和意义所在。

💡 4.7.2 项目学习法概述

"项目教学"的优势是，它综合应用了各个学习理论和学习方法，能充分调动学生的主观能动性。但项目教学法的应用是有条件的，特别是在教学中，得由老师设计好项目，专门针对学生和某些知识。而本书所要讲的主要是自学的方法，也就是说，你没有老师，更没有老师给你设计好的项目、指出学习方向，你能靠的只有自己，所以我们从学的角度来讲解一下"项目学习法"。

"项目学习法"主要针对的是学习过程中的"用"，和费曼学习法一样，但细细体会，又会发现不同。费曼学习法可以算是"小用"，是用来学习知识点的；而"项目学习法"的"用"可以算是"大用"，要做出点东西，要有成果展示，这能够充分调动学习者的主观能动性，让学习者主动地去认知并融合各个学科知识，在应用实践中逐步形成知识体系。

我们应用"项目学习法"，在项目的具体实施过程中，需要拆解为很多步骤，充分调动各种资源来实现，其具体过程又是怎样的？

我们还是举例来说明，不过这个例子比较简单，只是让你体会各个知识点融合并构建知识体系的过程以及初步认识项目在学习中的重要作用。

我在讲思维导图的理论依据时，是基于"构建主义学习理论"来讲的，而且讲得特别浅，因为这些东西只要了解就好，能够把握住大方向不会走偏了就行。思维导图作为一种操作型的学习方式，关键还是要动手操作，所以还没动手操作就深入探究理论就显得没有多少意义。现在，大家对思维导图和学习理论都已经有了深入了解，而且如果大家有心，前面章节的内容就可以用思维导图来学习了。已经了解了思维导图是怎么一回事了，现在再进行一次深入探究就显得很有意义。

所以这个项目就是：探究认知主义学习理论是否可以作为思维导图背后的理论依据，希望大家写一篇1000字左右的论文作为项目成果。

💡 4.7.3 项目学习法步骤

应用项目学习法，特别是我们在自学的时候，需要有一定的基础知识。如果没有基础知识，那么你就无从建立项目，就比如如果你想探究"超弦理论"，至少你要对"超弦理论"有一个了解。反过来说，我所说的这个"项目学习法"是建立在有一定的基础知识上的，其目的是对各个知识点进行融合和应用。

我们正式开始讨论这个项目：探究认知主义学习理论是否可以作为思维导图背后的理论依据？

首先，这是我给大家建立的一个项目，大家接到这个项目后就要明确任务是什么，需要哪些知识、技能，以及自己对这些知识和技能的掌握情况。一定要明确哪些是自己还未掌握的，进一步思考通过什么途径能学到，然后制订计划，包括确定任务并细化、收集资料、安排时间，以及最后的成果展示和反思总结。

如果只是为了自学而立的项目，那么就要明确你是针对学习哪一方面的知识而立的项目。就本项目来说，目的是让大家深刻理解认知主义学习理论和思维导图的知识点，并能找出各个知识点之间的联系，从而构建出知识网络。我们就可以明确任务：

1.深入学习认知主义学习理论。

2.熟练应用思维导图并充分理解其理论依据。

3.在学习和应用的同时思考两者之间的联系。

4.最后以论文的形式输出你的探究结果。你也可以做个PPT，想象你在为别人展示你的成果。

大家对思维导图有了一定的认知，对认知主义学习理论也有了简单的认识，我们要做的就是进一步练习思维导图和学习认知主义学习理论。资料就是本书前面的某些章节，当然如果要做得更深入，还可以查阅相关的论文资料。

现在来制订任务计划。

时间：一周，每天两个小时；

任务：练习画10张思维导图，并且学习认知主义学习理论。

学习方法你可以选择费曼学习法、康奈尔笔记法，或者思维导图法等。

细分任务之后，制订计划，如下表4.7所示。

表4.7　项目计划表

计划表		
日期	任务	时间
周一	学习"1.2.1 克勒的顿悟说"并绘制思维导图	1小时
	学习"2.1 正确认识思维导图"并绘制思维导图	1小时

（续表）

计划表		
日期	任务	时间
周二	学习 "1.2.2 托尔曼的认知—目的论" 并绘制思维导图	1小时
	学习 "2.2 思维导图的脑科学理论" 并绘制思维导图	1小时
周三	学习 "1.2.3 皮亚杰认知结构理论" 并绘制思维导图	2小时
周四	学习 1.2.4、1.2.5、1.2.6三节内容并绘制思维导图	1小时
	学习 "2.4 视觉化思维" 并绘制思维导图	1小时
周五	学习 "1.2.7 奥苏伯尔的认知同化论" 并绘制思维导图	1小时
	学习 "3.3 思维导图的绘制原则" 并绘制思维导图	1小时
周六	学习 1.2.8、1.2.9两节内容并绘制思维导图	2小时
周日	学习 "1.2.10 海得和韦纳的归因理论" 并绘制思维导图	0.5小时
	论文写作，并制作PPT展示	1.5小时

剩下的东西只能大家自己完成了，我只能帮大家到这了。

"项目学习法"是自上而下学习的典型应用。当我们明确认识自己要学习的内容后，就可以搭建一个大的框架，然后把任务拆解成很多小份来建立项目。这样一个阶段一个阶段地进行学习，每个阶段都会有成果和反馈，更能激发学习兴趣，培养学习习惯，充分应用不同的学习方法。

"项目学习法"其实并不是一种具体的学习方法，而是一种规划、一种尊重和一种对大局的把握。

第5章 综合学习实例

从理论到方法，也就走完了习得和反思。学习的原则是：学以致用，用以致学。只有通过不断的实践应用，才能把知识转变为能力，不断地锻炼自己的能力，最终构建出知识体系，形成智慧。本章通过一些典型好玩又实际的例子，让大家学习如何应用学习理论来指导学习。希望大家在实际操作中有所感悟，最终形成自己的学习方法和学习观，在今后的工作和学习中帮助自己较快地制定出高效的学习策略。

5.1 摩尔斯电码学习实例

"摩尔斯电码学习实例"可以看作一个独立的知识点，并且学会了就能够实际用起来。其实这个实例也只是相对独立的，讲深一点，还有好多东西要学，这里不展开讨论。摩尔斯电码到底有什么用呢？

💡 5.1.1 摩尔斯电码概述

很多重大的军事活动或者机密行动都会设置一套行动暗号，只有懂行动暗号的人才能看懂。历史中常常会出现"埋伏五百刀斧手于帐后，以摔杯为号"，这个"摔杯"就是行动暗号。二战时期，是靠电报发送信息，而电报可能会被敌人截获。如果重大的军事行动一旦被敌人知晓，那后果不堪设想。为了解决这一问题，设计一套自己知道而敌人不知道的规则就可以通过"明文"加密形成"密文"，所谓"密文"就是加密的文字，比如说敌人截获了这样一串文字"￥……%%&￥￥&"，把这个破译出来呢，就是"好好学习，天天向上"。这个加密过程有很多种算法，这些算法可以被看作一个复杂的函数变换，一个映射的过程。

讲这么多，我就是想给大家介绍一种加密方法，如果你和你亲密的人都知道这套方法，那么收到类似骗人的信息："急需要钱，请转账到*********"，那你就可以发一个："· · · ·— — — ·—— —/— · ·— —·— · · · · ?"如果对方答不上来就让他滚蛋。最好玩的是在一个群里，两个人用摩尔斯电码对话，尽可能无下限秀恩爱，这种刺激不亚于《欲火攻心》中的唐人街一战。

电影《风声》中就是采用在衣服上缝制摩尔斯电码，将消息传播出去的。还有动漫《名侦探柯南》中《推理对决！新一VS冲矢昴》就是用了这种方法。

摩尔斯电码是用来加密的，我们来学习一下这套有趣的加密规则。

💡 5.1.2　摩尔斯电码规则

摩尔斯电码是一种时通时断的信号代码，通过不同的代码排列顺序来表达不同的英文字母、数字和标点符号。摩尔斯电码包括五种代码：点、划、点和划之间的停顿、字符之间短的停顿、词之间中等的停顿以及句子之间长的停顿。摩尔斯电码由两种基本信号和不同的间隔时间组成：短促的点信号"·"，读"嘀"（Di）；保持一定时间的长信号"—"，读"嗒"（Da）。间隔时间：嘀，1t；嗒，3t；嘀嗒间，1t；字符间，3t；字间，7t。

在书写上，字符间为空格，字间为斜杠。

对应的摩尔斯电码表如表5.1和5.2所示。

表5.1　摩尔斯字母电码表

字母	电码	字母	电码	字母	电码	字母	电码
A	·—	B	—···	C	—·—·	D	—··
E	·	F	··—·	G	——·	H	····
I	··	J	·———	K	—·—	L	·—··
M	——	N	—·	O	———	P	·——·
Q	——·—	R	·—·	S	···	T	—
U	··—	V	···—	W	·——	X	—··—
Y	—·——	Z	——··				

表5.2　摩尔斯数字电码表

数字	电码	简码	数字	电码	简码
1	·————	·—	6	—····	
2	··———		7	——···	
3	···——		8	———··	—··
4	····—		9	————·	
5	·····		0	—————	—

　　明白了用途和规则，那采用什么方法来学习呢？思维导图、康奈尔笔记、项目学习法、费曼学习法、信签纸学习法，我们学了一大堆方法。如果不会用，那就是白学了，请大家认真思考要如何制定学习策略。

💡 5.1.3　摩尔斯电码的学习策略

　　首先，你要明白摩尔斯电码的学习特点就是：只要记住，就能应用，而且是相对独立的知识点。（我找这样一个实例不容易，大家认真实践。）

"思维导图"就不能用了，就一个点，没法发散；"信签纸学习法"也不能用，不能构成知识体系；项目学习法？开玩笑，把这个东西称作项目也太对不起"项目"这个词了；只剩下康奈尔笔记和费曼学习法，选择谁呢，其实这两种方法你随便选，关键是你要搞明白知识点。

所以我们的学习策略是：先用康奈尔笔记把摩尔斯电码规则搞明白，然后动用记忆术来记忆学习，结合"学以致用，用以致学"的理念再进一步实践应用。

用康奈尔笔记法学习摩尔斯电码，如表5.3所示。

表5.3 摩尔斯电码学习笔记

摩尔斯电码读写	1. 摩尔斯电码是一套加密规则，规定了数字、字母和点与线之间的对应关系 2. 点读"嘀"，线读"嗒" 3. 读的时候，时间间隔，"嘀"为1t的话，"嗒"是"嘀"的3倍，"嘀""嗒"之间间隔1个"嘀"的时长，字符之间间隔3个"嘀"的时长，字间间隔7个"嘀"的时长 4. 写的时候，字符间用空格隔开，字间用斜杠隔开
摩尔斯电码，结合图、表，具体应用来记忆转换规则	

💡 5.1.4　摩尔斯电码的记忆策略

我们在上一节弄明白了摩尔斯电码的规则，在这一节来学习如何记忆摩尔斯电码。联系"4.1 记忆之术"一节，我们采用什么记忆术呢？记忆官殿、衣钩法，还是故事法？

我们先不采用特殊的记忆法，按普通的记忆方法来记。我们先来看看记忆的几条法则：

法则一：联想是记忆的灵魂。

法则二：大脑喜欢具象的、有意义的、有规律的东西。

法则三：记忆时尽可能地先提取关键词，抓住主干部分，再逐步形成体系。

法则四：有规律地重复是形成长时记忆的必要条件。

充分观察，要记忆的东西并不复杂，很单一，属于无意义的字符。所谓没有意义是字母A没有意义，字母B没有意义，点没有意义，线也没有意义，没有什么规律，字母和数字是已知的，要记忆的点和线具有图形化，嘀嗒声音也很特别。

针对这些特点，我们可以制定记忆策略：

● 因为摩尔斯电码本身简单且一眼看去毫无规律，我们可以试着找出摩尔斯电码内在的联系或者规律来帮助记忆；

● 利用图形化和声音特点，运用联想、谐音等来记忆。

我们观察总结可以得到一些简单的规律：

只包含一个符号字节（这里所说的符号字节是指"—"或者"•"为一个字节符号）的是字母E和T。

包含两个字节符号的字母是A、I、N、M。

包含三个字节符号的字母是D、G、K、O、R、S、U、W。

包含四个字节符号的字母是B、C、F、H、J、L、P、Q、V、X、Y、Z。

为什么要找这些规律呢？就是为了帮助我们记忆。

先来看"ET"，是"外星人"（Extraterrestrial）英文的缩写。通过找规律，我们把"ET"两个字母的组合变得有意义了。当我们看到E或者看到T会提供给我们一个记忆的信息：E和T这两个字母对应的摩尔斯电码只有一个字符，要么是一点，要么就是一横。

而字母"E"本身就和数字1是谐音，所以我们只需要记忆"1嘀"，就记住了E对应的摩尔斯电码字符是一个点，读作"嘀"。

那字母"T"就对应的是一横了，读作"嗒"。

我们再来看M、A、I、N四个字母组合是什么？"main，主要的"。"main"这个单词我们是熟悉的，在我们记忆的时候，main会提供一条信息：main所包含的四个字母对应的莫尔斯电码包含两个符号。

至于"D、G、K、O、R、S、U、W"和"B、C、F、H、J、L、P、Q、V、X、Y、Z"，由于本人英文水平有限，不知道怎么组合了。目前通过字符数这条规律帮我解决了一部分的记忆任务。不过学习本来就是这样，并没有一种完美的方法可以解决所有问题，所以我们可以尝试着从另外一个角度来找规律，就是找特殊字符。

通过观察我们发现：除了E和T比较特殊外，字母"I、M、S、O、H"也是特殊字符，字母"I"对应的是两个点；字母"M"对应的是两横；字母"S"对应的是三点；字母"O"对应的是三横；字母"H"对应的是四点。

当然我们还可以找出更多的规律，但要记住的是：不论是找规律或者是赋予某种意义，都是为了帮助记忆，如果增添了记忆负担，那还不如死记硬背。这里给大家提供了一幅帮助记忆的图片，如图5.1所示。这就是充分利用形状联想做出来的一张图，大家结合着"4.1 记忆之术"一节的记忆原则来进行记忆即可。

大家记不住也没关系，不用花太多时间，因为接下来我要教你如何用"衣钩法"这种特殊记忆法来记忆，你会被自己的记忆力吓倒的。在讲"衣钩法"的时候，我是用"抽象"名词举例的；其实特殊记忆法对待抽象名词作用并不是很大，可能大家学起来比较吃力。不过用"衣钩法"记忆摩尔斯电码就是小菜一碟，虽然摩尔斯电码不是具象名词，但却简单形象，而且字母和数字本身就是"钩子"。

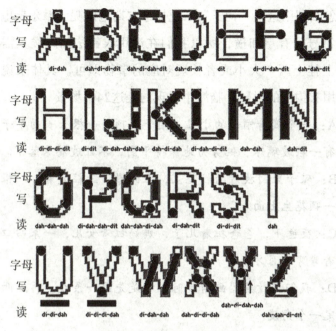

图5.1　摩尔斯电码

💡 5.1.5　衣钩法记忆摩尔斯电码

还记得在"4.1.4 衣钩法"一节我布置的作业吗？让大家把记忆24个英文字母对应的形象作为记忆的钩子：

A：帽子；B：花生；C：月牙；D：量角器；E：梳子；F：手枪；G：衣钩；H：梯子；I：桌球竿；J：鱼钩；K：机关枪；L：镰刀；M：山峰；N：滑梯；O：鸡蛋；P：红旗；Q：气球；R：哨子；S：蛇；T：图钉；U：烧杯；V：剪刀手；W：电锯的锯齿；X：大叉叉；Y：弹弓；Z：鸭子。

怎么利用这些"钩子"来记忆摩尔斯电码呢？摩尔斯电码对应的符号只有点和横，所以我们在运用衣钩法的时候只需要在钩子上挂上两个大小或者长短对应的事物即可。具体来说，我在运用衣钩法的时候，脑海中呈现的是这24幅场景。

A：一个戴着帽子的小丑，帽子上顶着一根长长的竿子，竿子上有一颗玻璃球，他努力地保持平衡，不让玻璃球落下。

B：碟子里面放着两粒花生，上面撒了三粒芝麻，一根牙签插在一颗花生上面。

C：夜色下，爸爸拉着儿子，妈妈拉着女儿，一家四口幸福地看着弯弯的月牙。

D：我们用量角器画角度时，都是先画一条线，再点两个点来确定一个角度。

E：一把梳子上黏着一个大大的头皮屑。

F：一个人在用手枪射击靶子，第一枪打中靶心，第二枪也打中靶心，第三枪打到靶杆上去了，第四枪又打中了靶心。

G：墙上有三个衣钩，从左到右依次挂着衣服、裤子和帽子。

H：梯子上面趴着四个小孩，远远看去像四个点。

I：球桌上面摆着一根球竿，竿的两端各放着一个桌球。

J：鱼钩上挂着一粒圆圆的鱼饵，三条鱼一字排开争着游近鱼饵。

K：机关枪瞄准天空的飞机不停地扫射。

L：挥舞着镰刀砍一根青草，第一刀砍下了青草的头，第二刀砍下身子，第三刀砍下草根，最后一刀把草根一刀砍断。

M：两座山峰的顶部树立着两根长长的竿子。

N：滑梯上，儿子坐在妈妈腿上顺着滑梯往下滑，笑得很开心。

O：用鸡蛋祭祀时，会在前面点燃三炷香。

P：操场上树立着两面红旗，两个少先队员分立在旗子两边，守护着旗子。

Q：天空中飘着四个气球，从左到右，第一个是蜈蚣形状的，第二个是蛇形的，第三个就是一个球，第四个是一条龙。

R：军训的时候，教官吹哨子：1—2—1。

S：一条蛇正在努力地吞下三颗蛋。

T：在洁白的墙壁上，用图钉钉着一条蛇，蛇挣扎着自己的身子。

U：化学老师用胶头滴管往烧杯里滴了两滴红色液体。

V：单亲妈妈带着三个孩子照相，孩子们都羞涩地比起剪刀手。

W：用电锯锯下木偶人的头，然后又从腰部把木偶人锯成两截。

X：拿着满是大叉叉试卷的小孩哭得很伤心，两只眼睛眯成一条线，两滴眼泪顺着眼角流下。

Y：一个人拿着弹弓，第一次用弹弓射了一支箭，第二次射了一颗玻璃珠，第三次和第四次都是射箭。

Z：一只鸭子嘴里叼着两支烟，屁股后面下了两颗蛋。

如果大家想象力比较丰富，读两三遍上面的24个场景基本上就记住了。如果你真学懂了前面衣钩法的话，那么你应该知道什么意思，而且摩尔斯电码也已经记住了。要是你不懂呢，待会我一解析之后，你瞬间就能记住摩尔斯电码了。好了，接下来就是见证奇迹的时刻。

拿字母"A"来说，"A"对应的钩子是"帽子"，这是你脑海中首先有的一个东西。上面24个场景中，戴着帽子的小丑就是对应了字母"A"，帽子上面的玻璃珠就是"点"的形象，长竿是"横"的形象，而我脑海中默认的次序是从上到下，所以从场景A中我们得出这样一个对应关系：

帽子——A；玻璃珠——点；长竿——横。

也就是摩尔斯电码的对应关系："A"对应一点、一横，也就是"·—"。

同理，我就不一一解释了，我直接给出对应关系。

花生——B；牙签——横；三粒芝麻——三点；所以"B"对应"—..."。

月牙——C；大人——横；小孩——点；"爸爸牵着儿子，妈妈牵着女儿"，所以"C"对应"—·—·"。

量角器——D；一条线——横；两个点——两个点；"先画一条线，再点两个点"，所以"D"对应"—.."。

梳子——E；头皮屑——点；所以"E"对应"·"。

手枪——F；靶心——点；靶杆——横；所以"F"对应"..—."。

衣钩——G；比较长的衣服和裤子——横；帽子——点；所

以"G"对应"— —·"。

梯子——H；四个小孩——四个点；所以"H"对应"····"。

球竿——I；两颗球——两点；所以"I"对应"··"。

鱼钩——J；鱼饵——点；三条鱼——三横；所以"J"对应"·— — —"。

机关枪——K；这个比较有意思，因为我看到摩尔斯电码"—·—"的时候，我脑海中出现的就是远远的一架飞机，左右两横是机翼，中间一点是机头，所以用机关枪打飞机的场景就是："K"对应"—·—"。

镰刀——L；草头——点，草身子比较长——横；一刀两断的草根——两点；所以"L"对应"·—··"。

山峰——M；两根长竿子——两横；所以"M"对应"——"。

滑梯——N；大人——横；小孩——点；所以"N"对应"—·"。

鸡蛋——O；三炷香——三横；所以"O"对应"———"。

旗子——P；旗杆——横；少先队员——点；所以"P"对应"·——·"。

气球——Q；蜈蚣、蛇、龙——横；球——点；所以"Q"对应"——·—"；

哨子——R；1——点；2——横；所以"R"对应"·—·"。

蛇——S；三颗蛋——三点；所以"S"对应"…"。

图钉——T；蛇——横；所以"T"对应"—"。

烧杯——U；两滴液体——两点；胶头滴管——横；所以"U"对应"……—"。

剪刀手——V；妈妈——横；三个小孩——三点；所以"V"对应"…—"。

锯齿——W；头——点，两截身体——两横；所以"W"对应"·——"。

叉叉——X；这是我脑海中最有意思的画面，描绘的是一个小孩成绩不好，哭了。第一眼看到"—··—"，我觉得这是一个表情，一个小心翼翼的表情，根据场景描述，小孩眯成线的眼睛是两边的两横，眼睛的两滴泪是中间的两点，所以"X"对应"—··—"。

弹弓——Y；箭——横；玻璃珠——点；所以"Y"对应"—·——"。

鸭子——Z；两支烟——两横；两颗蛋——两点；所以"Z"对应"——··"。

搞清楚了对应关系，现在回头再看一遍那24个场景，是不是很容易就对应起来了。要是你的钩子已经在脑海中，并且你有联系的意识，那么看到摩尔斯电码表的时候，你按顺序看过去，脑海中通过联想自动生成相应的场景，而且这个场景越是刺激越容易被大脑记住。

所以，要是大家熟练地掌握了"衣钩法"，摩尔斯电码表不到两分钟就可以完全记住了。不过还是那句话，特殊的记忆法具有局限性，我们在真正的学习中具有局限性，大家不要太痴迷，还是要掌握一般记忆规律来提高记忆效率。

💡 5.1.6　学以致用

所谓"学以致用，用以致学"，既然学会了，就用起来。

场景一：

当遇到危险情况，诸如被绑架、地震被埋、无法开口说话等情况时，如何求救呢？

我们知道求救信号"SOS"，翻译成摩尔斯电码就是"… ——— …"，我们可以通过制造长短不同的声音把信号传递出去。

场景二：

2015年1月，遭到恐怖组织"伊斯兰国"（ISIS）绑架的日本人质后藤健二被斩首，消息震惊国际。2月1日在网络上流传着一段由日本网友的解读影片，指出后藤在ISIS所发布的影片中，相较于右边的人质汤川遥菜，后藤眨眼的次数显得较为频繁。有日本网友将后藤健二画面放大后认为，后藤是通过眨眼来打出摩尔斯电码，而其所要透露的信息是"不要救我"，引起不少网友议论。

请问：如何用摩尔斯电码翻译这句话"不要救我"？

同样的，你也可以找很多话来翻译着玩。如果大家还记得前面的一个"学习金字塔理论"，那就教给他/她，然后就可以一起愉快地在一个微信群里神秘地沟通了。这就是学习最快、最有趣的方法。

5.2　思维导图软件Xmind的学习

虽然前面讲了思维导图纸质版的绘制，但是其实我自己更喜欢电子版，方便整理，方便携带。目前，市面上比较流行的思维导图软件主要有mindmanager、Xmind、FreeMind、iMindMap等。本书以Xmind软件来进行讲解，Xmind操作简单、功能强大，并且Xmind有免费版（见官网http://www.Xmindchina.net/），比较适合学习。大家在学会一款软件之后，学习其他的思维导图软件就比较简单了。

以学习Xmind软件作为一个学习案例，我们来实践和应用学习理论。我重点教大家如何去定制学习策略，至于软件的具体学习操作过程，官网上有详细的教程（官网地址：http://www.Xmindchina.net/xinshou/）。

方法千千万，如何来高效学习，这就是一个策略问题。

💡 5.2.1　Xmind学习策略制定

我们来回顾一下学习的原则：学以致用，用以致学。

　　首先，明确自己的学习目的。我们学习Xmind是为了绘制电子版的思维导图，所以我们对Xmind要有一个整体的定性的认识，即Xmind是一个绘制思维导图的工具。

　　我们之前并没有了解过Xmind，现在也只是知道它可以用来绘制思维导图，但怎么绘制，怎么操作，我们没有具体的认识，需要通过实际的操作案例来认识Xmind。

　　我总结了一般软件的学习方法，即从整体上要明白一个软件是干什么的。我们要学的就是怎么去操作，而要学习操作步骤最快的方法是去做具体的案例，你可以不知道其中的名词概念，但你一定要知道如何操作才能达到目的。只要明白这样一个学习思路，至于说你学习的时候要用什么学习方法，这都随便。我当初用思维导图来学习思维导图软件，所以最后学完软件的时候，我用软件绘制了一幅思维导图，记录了每个命令、每个菜单、每个操作步骤，大家也可以尝试。

　　我们先从一个简单的实例来认识Xmind。

💡 5.2.2 Xmind简单实例教程

先制作简单的思维导图，来对思维导图有一个简单的认识。

第一步　新建思维导图

（1）打开Xmind软件，在文件菜单栏选择"新建"，然后选择"思维导图"，跳入风格选择窗口，随便选择一种风格后，单击"确定"，如图5.2所示。

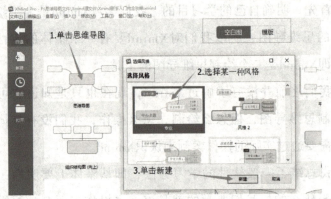

图5.2　打开Xmind软件

（2）进入思维导图工作区，会出现中心主题，双击、按空格键或直接输入你想要创建的思维导图项目的名称，如图5.3所示。

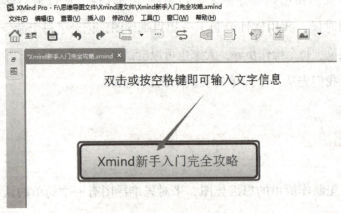

图5.3　中心主题

第二步　添加分支主题

（3）选中中心主题后，按Tab键可以快速添加分支主题/子主题，也可以点击工具栏上插入主题按钮，插入分支主题。双击或者按空格键一样可以输入项目名称，也可以选中后直接输入一级主题名称：小案例，核心概念，次要概念，案例应用，反思总结。如图5.4所示。

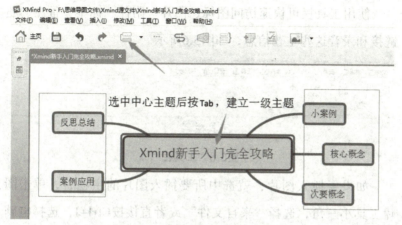

图5.4 添加分支主题

如果分支主题下还需要添加下一级内容，可以再创建子主题，按Tab键，或点击工具栏上插入主题按钮，插入"小案例"的子主题和"核心概念"主题的子主题，如图5.5所示。

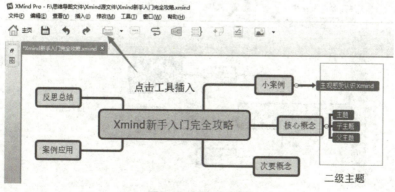

图5.5 新建子主题

备注：如果不需要某个主题，可以选中主题，按Delete键删除即可。

第三步　添加主题信息

使用工具栏可快速访问图标、图片、附件、标签、备注、超链接和录音这些主题信息，如图5.6所示。

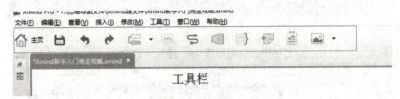

图5.6　工具栏

如果要插入图片，就选中所要插入图片的主题后，单击图片工具小三角，选择"来自文件"或者直接按Ctrl+I，选择电脑上的图片。其他的工具类似，效果如图5.7所示，插入Xmind图标（图片文件可以先从网络上下载到电脑），在"核心概念"的子主题前添加小红旗图标。

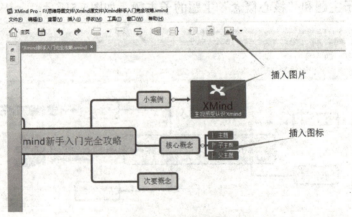

图5.7　插入图片

第四步　添加主题信息的可视化关系

通过工具栏可快速访问"外框、概要和联系"来为主题添加特殊标记，对主题进行编码和分类，使用箭头展现主题之间的关系和使用外框功能环绕主题组。

我们来添加一个外框，直接单击外框工具或者按Ctrl+B，然后选中所要添加外框的主题。反过来，先选主题，再按Ctrl+B，"联系"和"概要"工具同样的操作，给"反思总结"和"案例应用"两个主题添加外框，如图5.8所示。

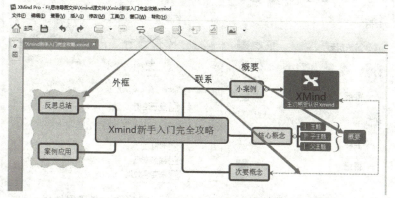

图5.8　添加外框、联系和概要

第五步　设置风格属性

我们选中中心主题后，可以在属性栏更改外框的线形、颜色、文字等属性，如图5.9所示。

单击背景，可以更改背景属性栏，如图5.10所示。勾选彩虹色，线条渐细，呈渐变色效果，最终效果如图5.11所示。

联系、外框、概要等也是同样的方法更改属性，大家在属性栏自行更改试试，最终效果如图5.12所示。

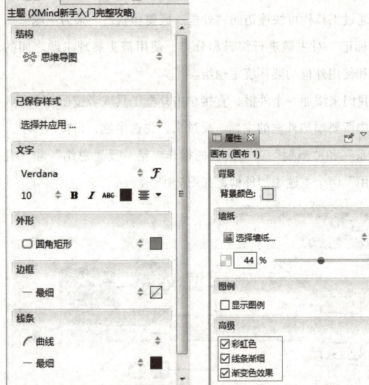

图5.9　属性栏　　　　　　　　　　　图5.10　背景属性栏

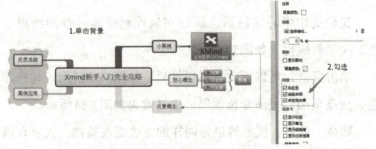

图5.11　背景效果

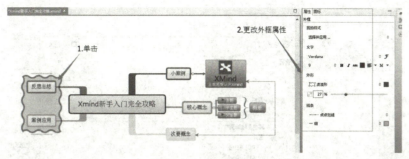

图5.12 更改属性

第六步 完成思维导图的创建

最终确认后保存思维导图，选择保存路径，并命名，如图5.13所示，保存类型为工作簿。也可以通过"导出"命令输出JPG格式的图片，如图5.14所示，最终效果如图5.15所示。

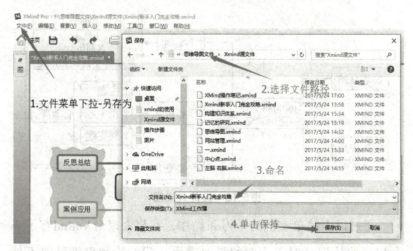

图5.13 保存

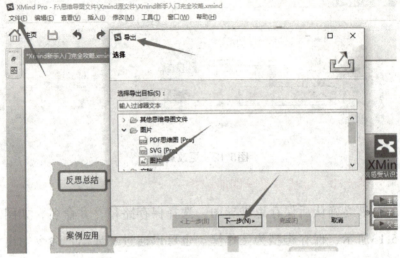

图5.14　导出

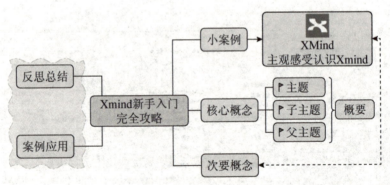

图5.15　最终效果图

通过以上简单实例的学习和操作，我想大家对Xmind有了一个初步的认识。对于一般的学习来说，我们绘制思维导图不外乎上面几个操作，如果你都会了，那你可以说已经抓住主干知识点了。

5.3　手机摄影教程实例

我们的生活是需要点文艺的东西来调节的，听听音乐、看看电影、读读书都不错，但这都是被动的。你是接受者，不是输出者，学习讲究有进有出，但能输出点什么呢？你发现自己文笔太烂，钢琴太贵，买个吉他炫耀一下就不会再动了，而摄影的门槛是越来越低，现在手机的像素越来越高，拿起自己的手机，记录下美好的人、美好的事，是一件非常愉悦的事儿。拿起你的手机，我教你怎么拍照。

💡 5.3.1　手机摄影学习策略

每个人拿起手机都会按快门，都会拍照，但同一个手机，同一个地点，一个专业的摄影师和一个没有任何专业知识的人，他们拍照的时候会有什么区别？换句话说，那些很好看的作品是怎么拍出来的，专业摄影师在拍摄那些作品的时候，在想些什么？

其实这个问题的答案就是专业摄影师比一般人多了理论基础，拍照是"行"，这些理论基础就是"知"，而唯有知行合一，才能真正学会。

本书贯穿始终的学习原则是"学以致用，用以致学，知行合一，物我同化"。说起来大家都知道，做起来就不是这么回事了，所以一直以来对于"知行合一"，就有关于知难行易还是知易行难的辩论，其实纠结这两种观点的人很难说是心学的传人。我觉得"知行合一"难的不在知，也不在行，而在合一。

下面这个教程就是"知"，介绍了一些基础的摄影理论。而如何把"知"和"行"结合起来，这就是在这个学习过程中你要去悟，要去弄懂的东西。

对于摄影入门者来说，没有多少理论基础，为了让大家好入门，我写得也比较简单，只是让你体会这个过程，后面有兴趣的可以进一步学习。这篇基础教程我分为三个部分：基础理论、简单色彩理论和艺术表达。

在教程的后面我会给出如何去"知"，但至于"行"和"合一"就要靠你自己了。

💡 5.3.2　摄影基础理论

学习基础理论要弄懂三个概念：构图、曝光还有对焦。

先来说构图，谈到构图，大家可能听说过九宫格构图、井字法构图、三分法构图、对称法构图等。其实构图就一句话：把你要表现的主体放在你认为合适的位置，并且让欣赏者一眼看到你要拍什么。

　　那如何把主体放在合适的位置呢？大家都学过黄金分割吧，就是把一幅照片按黄金分割（0.618的位置）两两分割后就会得到4个位置，这就可以作为大家公认的合适的位置。主体就是你要拍摄的对象，就拿给人拍照来说，把人物放在黄金分割位置，而人物的脑袋是最重要的部分，那就更要放在最重要的一个分割点上，如图5.16所示，人物在黄金分割线上，脑袋在黄金分割点上。这其实也是通常所说的九宫格构图或者井字构图的原理。

　　至于对称构图也很好理解，中国人都喜欢对称美，一般说的对称构图就是左右对称。

图5.16　黄金分割构图

　　还有三分法构图，当拍摄时，若有明显的地平线或者海平线，应该把地平线或海平线放在从下往上看大约三分之一的位置。如图5.17所示，是对称构图和三分法的综合应用，人物左右对称，地平线在大约三分之一的位置，这样看起来比较舒服。

对于初学者来说，掌握这几个构图法就行了。至于其他的如对角线、三角形、放射、九分法等就没必要了。当然，规则往往是用来打破的，只要你觉得舒服，那就不必拘泥于何种构图了。

图5.17　对称三分法构图

第二个概念是曝光，曝光说白了就是让照片看起来舒服，不过于刺眼，也不过于灰暗。太亮是高光过多，过曝了；太暗是光线不足，欠曝了。而对于手机来说，能控制曝光的是是否开启闪光灯，后期还可以稍微补救一下。所以大家如果用手机拍摄，尽量在白天，找明亮的地方，不然会曝光不正确，看不到你要拍什么，如图5.18所示。

过曝太亮　　　　　　　曝光正确　　　　　　　欠曝太暗

图5.18　曝光

最后一个概念是对焦。对焦很简单，是把主体放在焦点上，让主体尽可能清晰。而在焦点之外的东西就会被模糊掉，这和放大镜的原理是一样的，图5.18的背景大楼就不在焦点上，所以背景被虚化了。所谓"虚化"就是看起来很模糊、不清楚，我们用这种模糊法把主体和背景分离开，但手机的操控力度不是很大。

在手机按下快门之前，对着你要拍摄的主体点击一下你的手机屏幕，把那个对焦方框对准主体，就可以完成对焦和测光，测光是为了正确曝光。

现在你已经可以拍摄出一张正确的照片了，至少保证能看，那要怎么样才能好看呢？

💡 5.3.3 简单光色理论

要使一张照片好看，要把握的是光线、影调还有颜色。

在摄影里，按光线的位置，我们通常分为顶光、顺光、逆光、侧光、地鬼光等。顶光是光源在拍摄主体顶部，顺光是光源在拍摄主体正面，逆光是光源拍摄主体后面，以此类推。大多人喜欢的剪影照片是逆光拍摄出来的，逆光是光源在拍摄主体背面，如图5.19所示。

图5.19 逆光作品展示

　　除了按光线的位置分类，我们还可以按照光线的性质把光分为软光和硬光。"软光"比如说阴雨天的时候，光线很柔软；硬光是夏天大太阳下，光线很硬朗。柔光常用来表现烂漫、忧郁、文艺等；而硬光则与之相反，表现强悍、霸气、粗犷等。

　　再深入一点就是影调，这个是很抽象的概念，对于初学者来说，只需要了解即可。通俗一点说，影调是光和影的调子，是一种光影变化的调子，你如果感受到影调这个东西，那说明你摄影已经入门了或者在摄影方面很有天赋。

　　色彩的话，我们从主观感受来解释，这样比较容易理解。比如说，红色会让人觉得热情、恐怖，紫色会让人觉得烂漫唯美，白色代表纯洁，绿色代表健康等，所以在你要表现的主题中要有色彩意识。

　　还有就是色调，色调分为冷色调和暖色调。其实很好理解，红的、黄的看上去感觉很暖的，就是暖色调；而蓝色、紫色给人阴冷的感觉，就是冷色调。

基础理论大概就这么多，其实摄影是要多实践的，大家多多练习，多体会。同时要多看别人拍摄的好的作品。

5.3.4　简单的艺术表达

摄影可以是一门技术，也可以是一门艺术，两者的区别就在于是否有思想和感情的表现。一幅作品如果要表达出你想要表达的东西，并且能够和观赏者达成感情共鸣，那无疑就是一幅成功的艺术作品，不论这幅作品是否讲究构图、曝光、用光、色调等。当大家发现了某个有趣的或者动人的场景或画面，用手机记录下来，能够引起其他人的共鸣，这就是摄影的魅力，也就是摄影的本质。

所以希望大家不要拘泥于任何规则，艺术的本质在于感情和思想，只要你用心去观察、去体会，你会发现一个你所没有看到的世界。艺术引领你发现世界，发现自己，记录最美时光。

总之，如果你喜欢摄影就多拍、多看、多思考。

5.3.5　摄影理论学习的思维导图过程

学习方法讲了很多，这里教大家如何用思维导图学习上面的摄影理论。

先明确中心主题，可以是"手机摄影学习"，但这个太俗了，我起了一个文艺些的名字，叫"记录最美时光"。

要掌握的理论基础是构图、曝光和对焦，这是属于手机的操作。

构图，最主要的是黄金分割，比如井字构图和九宫格构图。除此之外，还有三分法和对称法构图。

曝光，照片不能太亮，也不能太暗。太亮是过曝，太暗是欠曝，过曝是高光太高，欠曝是光线不够。

对焦，把要拍的东西放在焦点上，不在焦点上的东西会不清楚，叫作虚化。

然后是掌握光线、色彩和影调，这是简单的光色理论。

光线，从位置上来分，有背光、顺光、顶光、侧光和地鬼光；从性质上来说有硬光和软光。

影调，是光影的节奏。

色调，主要分为冷色调和暖色调。

再进阶到了艺术表达阶段。

技术是好看的流水作业，而艺术是思想情感的表达，艺术作品是技术的先驱，而技术是艺术的基础。

整篇教程的学习原则是"知行合一"，要做到知行合一要通过不断的拍摄去实践所学的理论知识。

以上是对摄影教程知识点的总结，你不仅要学知识点，更要学如何学习知识点，这才是最重要的。

请大家把上面我理出来的知识结构用思维导图绘制出来，大家先自己试一下，后面我会给出具体绘制步骤。

第6章 Xmind操作实例

"学以致用，用以致学"，学了就得用起来，不然马上就忘掉了，大家学习了 Xmind 的操作步骤，就要通过练习来熟练软件操作。我在这一章中选了几个典型案例来带大家熟悉和应用 Xmind，另外还介绍了一个 Xmind 好玩的功能——头脑风暴。

6.1 绘制"手机摄影教程"的思维导图

在手机摄影一节，我带着大家理清了知识结构，然后让大家把知识结构用思维导图绘制出来。现在我来教大家如何用Xmind软件绘制手机摄影一节的思维导图。

（1）首先双击空白模板，创建工作簿，如图6.1所示。

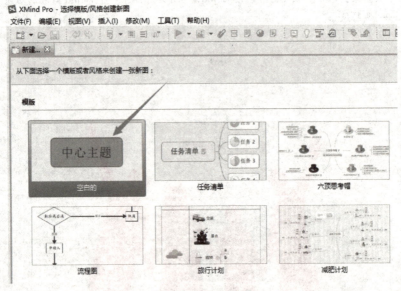

图6.1 新建工作簿

（2）按空格键，我们输入中心主题内容：记录最美时光，如图6.2所示。

记录最美时光

图6.2　命名中心主题

（3）按Tab或者Enter键，创建分支主题。在手机摄影一节已说过，真正学会手机摄影要做到"知行合一"，所以建立两个分支主题——知和行，最终的目的是"合一"，在空白处双击建立一个自由主题——合一，并在三个主题之间建立联系，如图6.3所示。

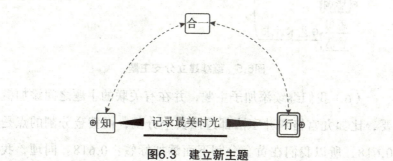

图6.3　建立新主题

（4）我们再创建"知"的分支主题，分别是：手机操作、照片把控、艺术诉求，如图6.4所示。

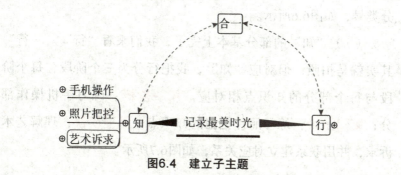

图6.4　建立子主题

（5）继续建立子主题，根据前面的学习，手机操作包括三个内容：构图、曝光和对焦；照片把控主要是色彩和影调；而艺术诉求主要是思想和感情，并添加相应的分支点，如图6.5所示。

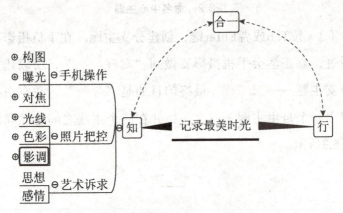

图6.5 继续建立分支主题

（6）我们继续添加子主题，并在有关联的主题之间添加概要，比如九宫格和井字法都遵循黄金分割，而黄金分割的点是0.618，所以我们在黄金分割下面添加标签：0.618。同理，我们把其中的关系尽可能地表达出来。如果有些概念需要具体描述，还可以在主题下添加备注，在最顶上添加自由主题来记录分类号，如图6.6所示。

（7）"知"的部分基本上完了，我们来看"行"。"行"其实就是拍照，但对应"知"，我把行分为三个阶段，每个阶段与每个部分的知识点相对应。第一阶段：练习手机操作部分；第二阶段：练习照片把控的知识点；第三阶段：理解艺术诉求，并用联系建立对应关系，如图6.7所示。

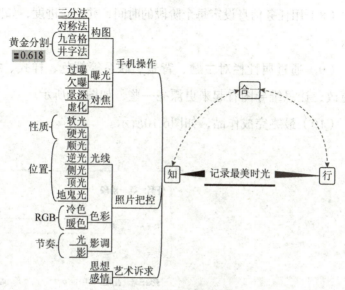

图6.6 添加概要和联系

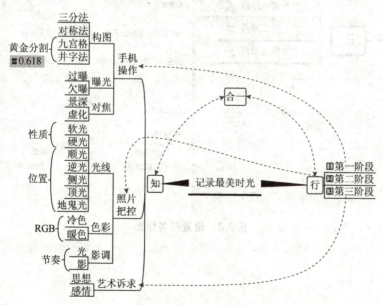

图6.7 建立对应关系

（8）用任务信息设定每个阶段的时间，并记录进度，如图6.8所示。

（9）通过属性栏对主题、背景、联系等颜色、样式、字体做更改，让思维导图看起来更漂亮一些，如图6.9所示。

（10）最终完成作品，如图6.10所示。

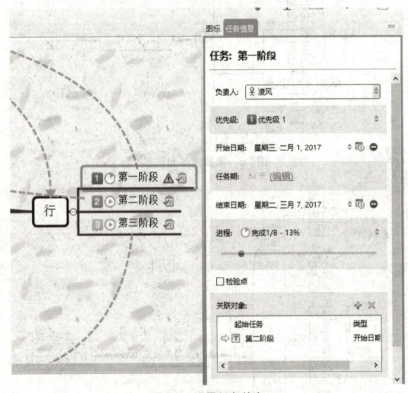

图6.8 设置任务信息

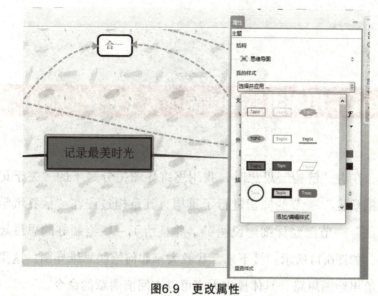

图6.9 更改属性

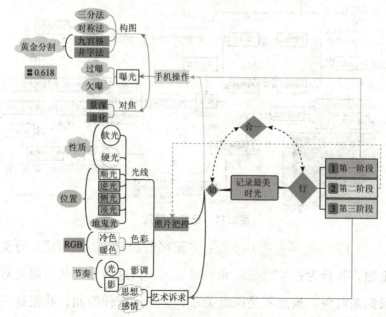

图6.10 最终完成

6.2　用思维导图绘制"关于记忆的研究"

在讲"解构"思想时，我用思维导图把分解了的"关于记忆的研究"一节的知识进行了重构，其重构过程在"信签纸学习法"一节已经详细地说明了，并且给了一幅绘制好的思维导图，如图6.11所示。接下来，我教大家如何绘制思维导图，这里只给出绘图思路，具体操作大家可以查阅前两章的命令。

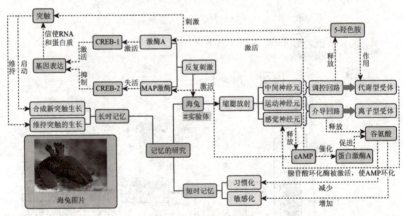

图6.11　记忆的研究

（1）**首先确定中心主题**："记忆的研究"，然后建立分支主题，我分为：长时记忆和短时记忆，而这两个记忆的研究对象都是海兔，虽然不是同级关系，但为了方便绘制，我把这三个主题作为中心主题的分支主题，如图6.12所示。

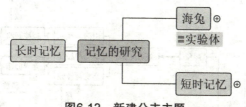

图6.12　新建分支主题

（2）我们研究海兔的缩腮反射，所以新建一个子主题：缩腮反射。而缩腮反射的神经元有三个，分别是：运动神经元、感觉神经元和中间神经元，运动神经元和感觉神经元组成介导回路，中间神经元作为调控回路。短时记忆的具体体现是习惯化和敏感化，由此建立主题，如图6.13所示。

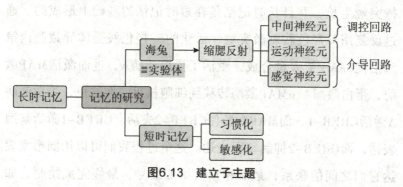

图6.13　建立子主题

（3）我们来看短时记忆的过程，以敏感化为例，通过刺激，介导回路中的谷氨酸释放量增加，在调控回路中释放5–羟色胺，使腺苷酸环化酶被激活，此酶使AMP环化，形成cAMP。cAMP使蛋白激酶A的催化单位释放出来，蛋白激酶A的催化单元促进谷氨酸的释放，并且维持住谷氨酸释放量的增强，从而形成了敏感化。习惯化同理，如图6.14所示。

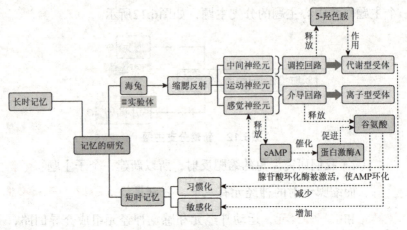

图6.14 建立短时记忆过程

（4）对于长时记忆来说，其具体表现是合成新的突触和维持突触生长，并且长时记忆是在短时记忆的基础上形成的。通过反复用5-羟色胺刺激突触，活化的5-羟色胺受体导致胞内第二信使cAMP被大量合成，激活了蛋白激酶A，进而激活MAP激酶，蛋白激酶A和MAP激酶转移到细胞核里。在这里，蛋白激酶A激活CREB-1，而MAP激酶使CREB-2失活。CREB-1激活基因表达，而CREB-2抑制基因表达。这个过程我们可以用圆形来表达它们之间的联系，最后在顶头添加编号，最终完成绘制，如图6.15所示。

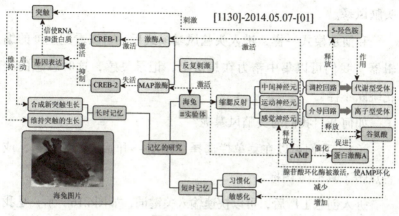

图6.15 完成绘图

作业：

1. 请大家用思维导图绘制关于Xmind的学习知识点。（可以参考图6.1）

2. 请大家绘制一个关于思维导图用途的思维导图。（后面会给出）

6.3 Xmind头脑风暴

我们经常看到"头脑风暴"这个词，所谓**头脑风暴**是让大脑像风暴一样快速转动起来。所以我们在做头脑风暴的时候，要没有什么干扰，尽可能简单地去收集点子和想法，而且重要的不是数量而是质量，我在写作时或者进行摄影创作时就会用到头脑风暴。

和演示模式一样，进入头脑风暴模式后，可以看到全屏的编辑器，我们可以集中精力在想法上，记录灵感，这时思想的火花跳跃不停。

如何开启我们的头脑风暴呢？

（1）我们可以在菜单栏选择"视图->开始头脑风暴"，或者点击工具栏 💡图标。

进入创意工厂后，可以快速输入关键词，如图6.16所示，是我创作时所收集的关键词，当时我想创作关于文艺的摄影作品。

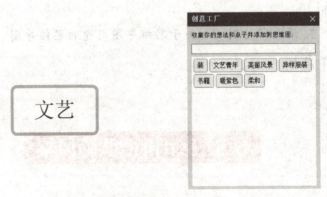

图6.16　头脑风暴

计时器：有时候想法太多可能也是件危险的事情，为了刺激灵感，限制想法数量，我们可以在进行头脑风暴前设定时间。点击窗口右上角的"计时器"按钮，如图6.17所示。并设置好时长，如图6.18所示。最后会在右下角出现一个控制栏，移动鼠标到计时器按钮，可以关闭计时器和音效，如图6.19所示。

图6.17 计时器

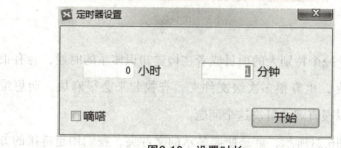

图6.18 设置时长

图6.19 关闭计时器

除了时钟按钮外，还有白天和黑夜的工作模式来满足你的需要，最右边的叉叉是退出头脑风暴模式按钮。

我们可以把我们收集的点子拖动到工作空间，就可以在中心主题后建立新的主题，如图6.20所示。

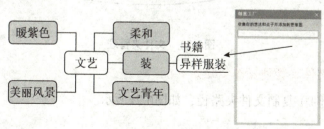

图6.20 建立思维导图

6.4 Xmind进行文件管理

对于一个特别大的项目或者在构建知识体系的时候，会有很多文件夹，也有很多次级文件夹，查找起来会很麻烦，而思维导图可以很直观地解决这个问题。

如图6.21所示，就是所要显示的文件夹，我们用超链接的方式把主题和文件夹对应起来，要查看某个文件夹直接点击就可以了。

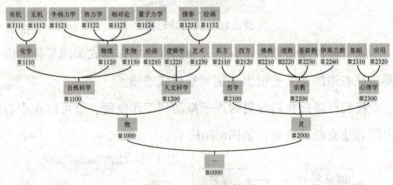

图6.21 文件夹管理

文件夹管理操作步骤如下：

（1）复制文件夹路径，如图6.22所示。

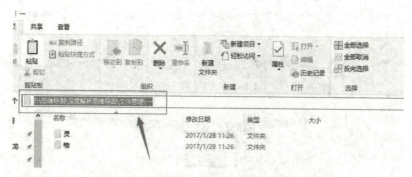

图6.22　文件夹路径

（2）超链接，选择文件类型，然后把文件路径复制上去，或者可以通过选择的方式建立，如图6.23所示。

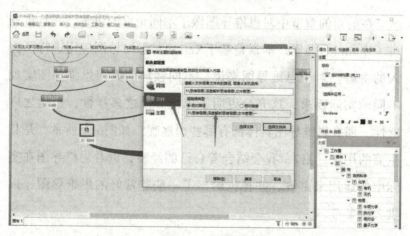

图6.23　超链接

（3）同样的方式，链接好文件路径，就会出现一个文件夹的小图标，下次点击就可以打开文件夹了，如图6.24所示。

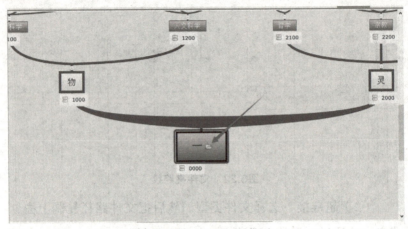

图6.24 打开文件夹

在前面的章节中对思维导图做了不同角度的讲解，并且重点讲了Xmind的操作，本章是基于Xmind对思维导图应用进行了深入的讲解。对于思维导图来说，不同领域的人用思维导图实现不同的实际要求，这充分说明了思维导图之多样性，用途之广泛性。那么思维导图具体都有哪些用途呢？如图6.25所示，是其主流的用法。第7章我会结合着自己的经验，以及思维导图在实际中的运用来讲解，并且也给出了一些非常好的思维导图，以供大家参考。

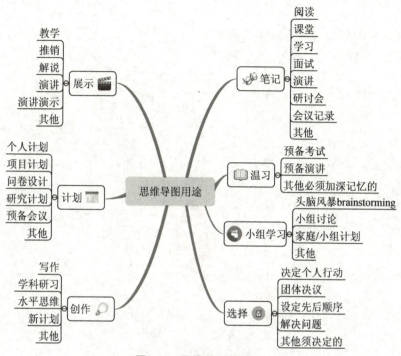

图6.25　思维导图的应用

第7章　思维导图在学习、生活中的应用

　　思维导图对于我们个人有很大的用途，当然最主要的还是用于学习和记笔记，除此之外还能做计划、管理知识体系、对自我提升进行管理等。有的人还用来制作生日礼物，不过这要有一定的美术功底，做出来漂亮的思维导图才行。那么在学习和生活中怎么充分利用思维导图呢？

7.1 做学习笔记

在学习方法中，我已经介绍了"信签纸学习法"，这个方法是针对课堂学习的，我在这里不再复述。信签纸学习法中的重构过程需要用思维导图，思维导图的画法和原理我都已经说得很清楚了，下面我给大家讲解绘制思维导图的过程，具体的软件操作步骤见"软件篇"，这里主要讲解思维过程，内容不一样，但思维过程大同小异。

本人从事汽车行业，专业不同，笔记内容也不一样，我尽量挑选一些常识性的笔记，大家就当了解，增长见识了。我们以《电动汽车结构与原理》一书的学习为例来讲解，大家跟着步骤慢慢学习。

（1）按照"信签纸学习法"命名好标题，这里我用书名，并且顺便把出版社和作者也写上，如果后面有问题可以方便查找原书，还有将编号"【3170】–2016.02.13–1"一并写上，中心点自然是我们最有概括性的"电动汽车"，如图7.1所示。

《电动汽车结构与原理》，赵立军，佟钦智，北京大学出版社【3170】–2016.02.13–1。

电动汽车

图7.1　电动汽车中心主题

（2）一辆电动车由很多零部件构成，但我们又可以归类，这个归类标准也不是统一的。电动车可以分为底盘和车身，还需要动力系统，连接和控制着动力系统又需要电气系统 。

通常来说，我们把电动汽车分为四个系统，分别是：动力系统、电气系统、底盘系统和车身系统，这四个就作为一级主题，如图7.2所示。

《电动汽车结构与原理》，赵立军，佟钦智，北京大学出版社【3170】–2016.02.13–1。

图7.2　电动汽车一级主题

（3）车身又由很多东西组成，如前后保险杠、车灯、车门、空调、外饰等，所以可以引出二级主题，如图7.3所示。

《电动汽车结构与原理》，赵立军，佟钦智，北京大学出版社【3170】–2016.02.13–1。

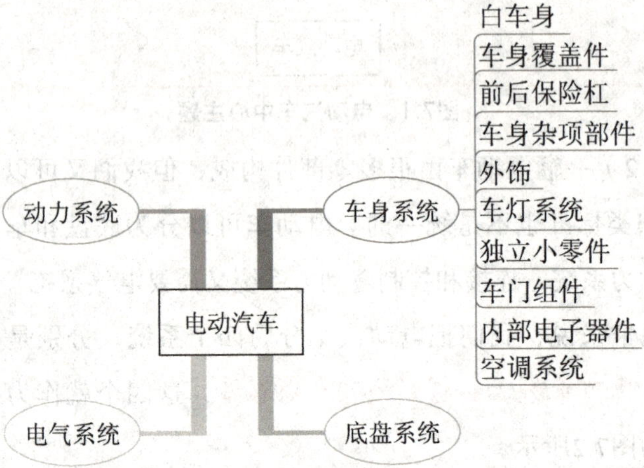

图7.3　电动汽车二级主题

（4）同样，底盘系统包含悬架、制动系统、转向系统等；电气系统包含线束、各类保险、接触器等；动力系统是整辆车的核心，所以我们再分为车载能量系统、电机系统和电控系统等，如图7.4所示。

《电动汽车结构与原理》，赵立军，佟钦智，北京大学出版社【3170】-2016.02.13-1。

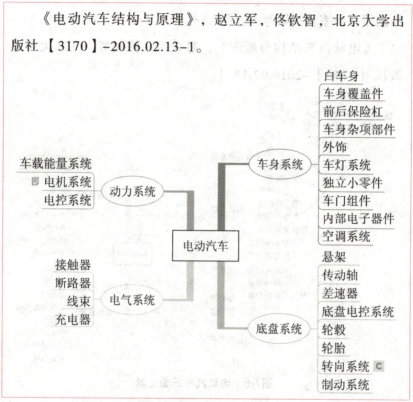

图7.4 电动汽车二级主题

（5）动力系统所包含的子系统都是独立的，可以继续往下细分，比如说，车载能量系统就包含储能装置、电池箱、冷却系统和温度传感器；储能装置又可以细分为蓄电池、燃料电池、超级电容等。对于车载储能系统来说，要保证储能装置的温度在工作区间内，所以加了冷却系统和温度传感器。同样，电机系统也是要保证电机的温度在工作区间内，所以对于电机还需要变速系统来实现速度的变换。电控系统也同样可以细分为整车控制器，这是一辆电动车的大脑，电池管理系统、电机控制器、功率转换器等。如图7.5所示。

《电动汽车结构与原理》，赵立军，佟钦智，北京大学出版社【3170】–2016.02.13–1。

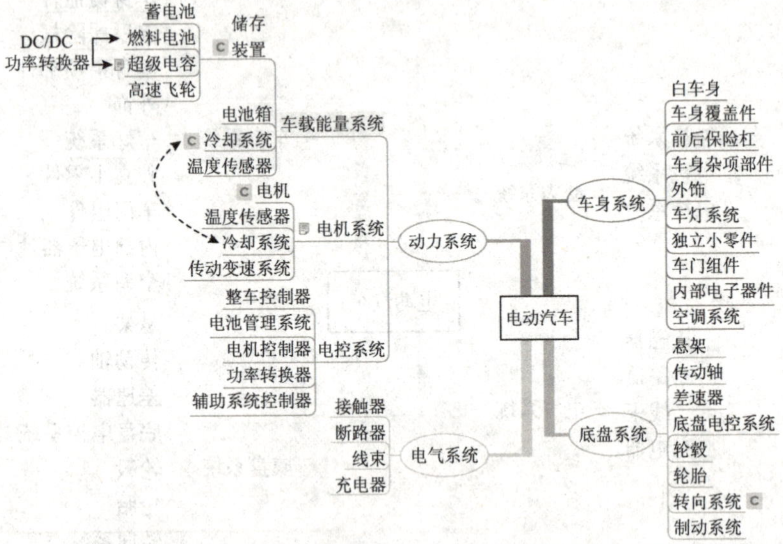

图7.5 电动汽车三级主题

（6）对于一辆电动车来说，我们除了把它拆分为不同系统，再到不同子系统外，我们还要对这辆车做一个评价，也就是评价一辆车的性能指标，而评价电动车最重要的两个指标是动力性和续航里程。动力性主要包含加速性能、最高车速和最大爬坡度。其中续航里程和车载能量系统有关，而动力性能和动力系统有关。发动机是一个补充的知识点，并不包含在电动汽车里，我只是为了和电机做一个比较，所以建立了一个自由主题，如图7.6所示。

《电动汽车结构与原理》，赵立军，佟钦智，北京大学出版社【3170】–2016.02.13–1

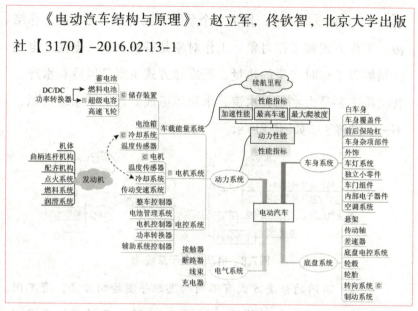

图7.6　电动汽车自由主题

（7）某些子系统是相对独立的，在一张思维导图中绘制会显得很凌乱，所以我们可以单独建立新的画布来绘制子系统，如储能装置、冷却系统、电机，我们建立新画布（快捷键CTRL+ALT+T），该主题后面就会有一个绿色带框C型符号，点击C型符号就可以查看该主题包含的内容，如图7.7所示。

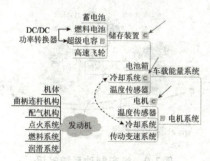

图7.7　建立画布

（8）如冷却系统，作为一个系统，我们要知道它的工作结构、工作方式和工作对象。工作对象是解决电机、电池、电机控制器等工作时产生的热量，而冷却方式主要是风冷和水冷，其结构主要是由水泵、水道、水箱等组成。其他子系统类似，不一一讲解了，如图7.8所示。

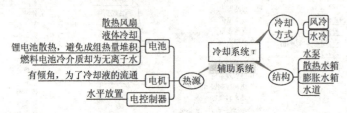

图7.8 电动汽车子系统

小结：不同的分类方式有不同的思维导图绘制方法，有不同的表达形式，没有说哪种好、哪种不好，看自己的思维习惯。不过这里可以给一个评价标准，就是越是简单明了地表达清楚所学的知识点，就越好。如果我们在绘制一幅思维导图时到最后连自己都看不懂或者不知道怎么去绘制了，那就得换个思路了。图7.9和7.10为其他形式的思维导图笔记，专业不一样，方法类似，大家参考一下形式即可，不必深究。

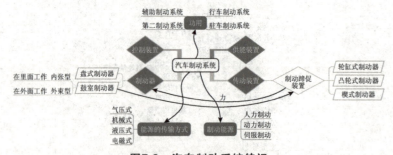

图7.9 汽车制动系统笔记

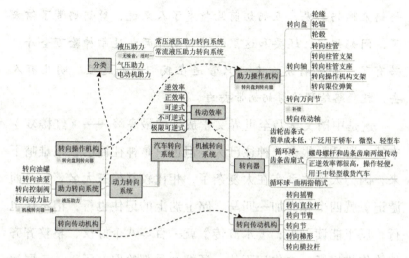

图7.10　汽车转向系统笔记

7.2　帮助阅读

抛开有目的性的学习式阅读，诸如高等数学、几何、代数等课本的阅读，这类阅读本身要做笔记而且系统性较强。根据前一节的学习，我们很容易理出大纲来，也很容易绘制思维导图。我们这里讲解一下以兴趣为主的阅读，如小说阅读，我们怎么用思维导图让阅读体验更好，收获更佳呢？

首先我们来阅读一段文字：

"我们奶奶问这里奶奶好，原是我们二爷不在家，虽然迟了两天，只管请奶奶放心。等五奶奶好些，我们奶奶还会了五奶奶来瞧奶奶呢。五奶奶前儿打发了人来说，舅奶奶带了信来了，问奶奶好，还要和这里的姑奶奶寻两丸延年神验万全丹。若有了，奶奶打发人来，只管送在我们奶奶这里。明儿有人去，就顺路给那边舅奶奶带去的。"

这是中国文学乃至世界文学成就的最高峰——《红楼梦》中的一段话，很多人神往已久，但也只是神往而已，很难啃下来，因为人物关系实在太复杂了，相比较其他三大名著，《西游记》就四个和尚加一匹马，路上遇上的记住也行，记不住也行，反正能读下去；《水浒传》就一百零八个好汉，整整齐齐地给你排好了，怕你记不住，还把绰号都给取好了；《三国演义》有点乱，但也不难，分成三家，大家按等级排下来就行了。然而《红楼梦》中有复杂的人物关系，这也正是这部名著的伟大之处，有人说莎士比亚塑造了很多经典人物，笔下的人物粗粗算来和曹雪芹差不多，但那是莎士比亚在很多部剧本里塑造的，而曹雪芹只用了一部，还连个结局都没有，比如家奴焦大的人物形象是几笔就勾勒出来，真不愧为最伟大的文学家。

既然复杂的人物关系是阅读《红楼梦》的一大障碍，我们就从人物关系着手，借助思维导图来捋清楚人物关系。

（1）《红楼梦》主要讲述的是四大家族兴衰史，我们先从四大家族开始，而其中最主要的是贾家。

贾家第一代是宁国公和荣国公，也就有了宁府和荣府，宁国公贾代化生贾敷和贾敬，贾敬生贾珍和贾惜春，贾珍生贾蓉，贾蓉娶妻秦可卿；荣府贾代善娶贾母生贾政、贾赦和贾敏，贾赦娶邢夫人生贾琏和贾迎春，贾政娶妻王夫人生贾珠、贾元春和贾宝玉，贾珠娶李纨生贾兰，贾政的小妾赵姨娘生贾探春和贾环，贾敏嫁林如海生林黛玉。

如图7.11所示为《红楼梦》贾家主要人物关系及命运简图。

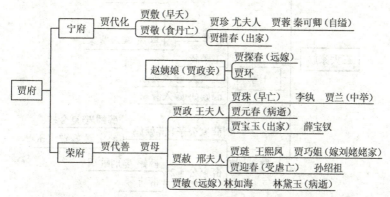

图7.11 《红楼梦》贾家主要人物关系和命运简图

（2）四大家族除了贾家外还有三大家族，分别是史家、王家和薛家。

先说史家，贾母是从史家嫁入贾家的，第二代是忠靖候史鼎，保龄侯史鼐以及史湘云的父母，但史湘云父母双亡，由叔父史鼎抚养，是贾母的侄孙女。就书本来看，除了史湘云外，史家的子嗣几乎没有什么来往，虽然一门双侯，但书中并没有繁荣景象。

再看王家，王家长子生王仁和王熙凤，王熙凤嫁入贾家；次子王子腾；王夫人排第三嫁入贾家；薛姨妈排第四，嫁入薛家。

最后看薛家，薛姨妈一代生薛宝钗和薛蟠，另有一支是薛蝌和薛宝琴。

如图7.12所示为三大家族关系图。

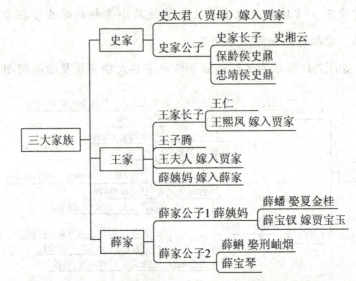

图7.12 《红楼梦》史、王、薛三大家族关系图

（3）在阅读书籍的时候，我们要牢牢把握住书本身所包含的线，这个线可以从多个角度、多个维度来分析。比如《红楼梦》我们从人物关系入手，《西游记》我们可以从西游路线入手，《三国演义》可以以战争为节点，而《水浒传》我是以人物身世来看。不论这条线是什么形式，思维导图就是一种将清这些线的工具，让阅读更加高效有趣。

小结：当我们把线将清楚之后，接下来的阅读就是看你自己的口味了。鲁迅先生也曾说过："《红楼梦》单是命意，就因读者的眼光而有种种：经学家看见易，道学家看见淫，才子看见缠绵，革命家看见排满，流言家看见宫闱秘事。"自《红楼梦》问世至今，人们对其主题的认识一直是众说纷纭，有"爱情说""爱情婚姻悲剧说""四大家族兴衰说""政治历史说"等，就看你喜欢从哪个角度来阅读了。

作业：绘制"1.4 理解力"一节的思维导图。

提示：

作为"习得"过程的两架马车"理解"和"记忆"，我从本质上对记忆做了说明，但关于理解力我实在不知道要怎么讲，但又很重要，所以我放了一篇小说，这篇小说的主题就是"理解"也算是切题，姑且算是理解的第一层意思。

虽然只是一个俗套的爱情小说，但我构建在"平行世界"的概念时，这个概念在"1.3 学习的过程"一节我作为作业要大家去理解，如果没法理解，那你没法读懂这篇小说，这算是理解的第二层意思。

而通读全篇，我用了诸如"格式塔""托尔曼""皮亚杰"等概念来搭建世界观，这些概念都是来自"1.2 认知主义学习理论"一节，所以没法理解认知主义的内容，也就没法理解这篇小说，这算是理解的第三层意思。

如果理解了以上概念，那这个故事的主线就是男女之间的相互不理解，女主角（杨鸣）离开了男主角（凌风），男主角（凌风）在平行世界寻找女主角（杨鸣）。经过100年后，男主角（凌风）穿越到100年前，重新找到了女主角（杨鸣）的俗套故事，理清楚主线之后，就很容易绘制了。

7.3 周计划绘制

生活和工作中常常需要我们制订计划，Xmind可以帮助我们做出细致的计划。比如说在工作中，要处理的项目或者要预约的客户等。思维导图可以帮助我们记住，也可以把生活娱乐或者学习的安排计划用思维导图绘制出来。

Xmind绘制一周计划：

（1）我们以特定的一个周来说，确定中心主题"本周计划"，如图7.13所示。

图7.13 中心主题

（2）二级主题是这一周要处理的事情，对于我个人来说主要是工作和读书，这两项是每周必干的事；除此之外还可能需要联系客户、预约好一些活动，这几项是杂事，需要记住；或者某一周可能有一个重要会议，所以要突出显示时间；最后就是自己的一些私人事务，如图7.14所示。

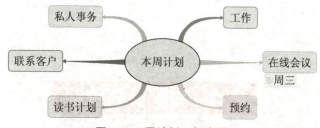

图7.14　周计划一级主题

（3）作为底盘工程师，我每周的工作是设计底盘，但具体车型不一样，某一周是跟踪一款车，还会更改其他车型的设计，读书也是每周必做，只是看的书不一样，可能是小说或者是自己的专业书；而关于"联系客户"和"预约"，怕自己忘记，所以最好把时间、人物姓名、联系电话都写上（这里模糊化处理，避免隐私泄漏），私人事务就看心情了，列个计划也只是大概想做的事，如图7.15所示。

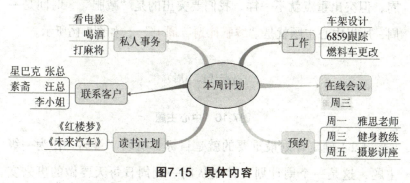

图7.15　具体内容

（4）其实整个计划还可以再详细一点，比如说跟踪的车型要到哪个步骤、阅读的书要读到哪一章节、召开的会议内容、联系的客户信息等都要准备好，不过这个比较私人，就不和大家分享了。

7.4 减肥计划绘制

好身材是一个人的第二张脸，臃肿不堪的身材不仅会在生活和工作中带来种种不便，同时也危害着我们的健康。去服装店，看到一件好看的衣服却穿不进去，而且每一个肉多的人都会有一个相同的绰号：胖子。

我们用Xmind帮助我们制订科学的减肥计划。

（1）计划还可以用另外一种方式来写，虽然时间都是一周，但突出重点就不一样，我们要突出的是"减肥"，时间是一周，所以中心主题就是"减肥计划（周）"，如图7.16所示。

减肥计划（周）

图7.16　中心主题

（2）确定计划最重要的就是目标，所以"目标"作为一级主题，这是一个周计划，计划从周一到周日每天要做的事来实现目标，每周的日期就作为一级主题，如图7.17所示。

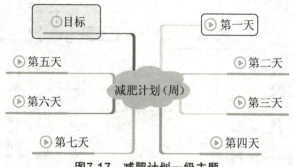

图7.17 减肥计划一级主题

（3）我们确定的小目标可以具体一点，每周的计划是减掉多少斤，而为实现这个目标，就要从两个方面来实现，一个是每天的饮食，另一个是每天的运动，如图7.18所示。

（4）接下来确定每天的具体食谱，细化到每日三餐吃什么，这个根据自己需求来填写，还要将每天的运动项目和运动时间计划好，然后每天按照这个计划去具体实施，如图7.19所示。

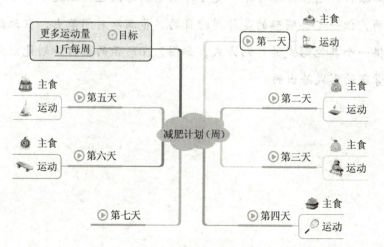

图7.18 减肥计划

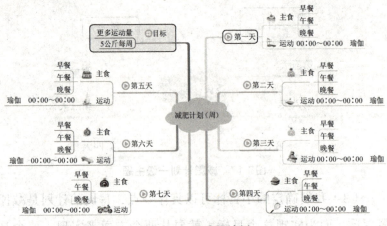

图7.19　周减肥计划

（5）我们可以把这个周减肥计划表做成一个模板，每周填写不同的内容即可。

小结：现实生活中，我们还有很多地方需要做出计划，比如旅行计划、考研计划、复习计划等。形式也可以是多种多样的，但一定要明确的是计划的目的、步骤和时间节点，在此提供一个其他形式的计划方式，如图7.20所示的旅行计划是以鱼骨图的形式给出的。

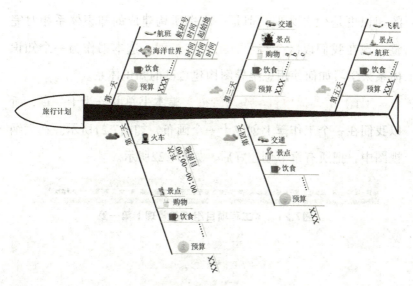

图7.20 旅行计划

7.5 个人知识管理

前面讲过构建知识体系，我们以"信签纸"作为载体，分类封装到文件袋，其实也可以用电子稿，这样更好管理，不容易损坏，我们如何用思维导图（Xmind）软件来完整地构建自己的知识体系呢？可在官网搜索相关软件操作步骤的教程（官网地址：http://www.Xmindchina.net/xinshou/）。

所谓的知识体系是人类对这个世界的认知和描述，而我们自己的知识体系只是其中微不足道的一小部分，一本书所包含的知识更是少之又少，但是一本书所构建成的知识体系相对完整。现在我们以《工程项目组织与管理》这本书作为一个知识体系来学习如何使用思维导图构建自己的知识体系。

（1）《工程项目组织与管理》整本书总共分为十一章，所以我们在一个工作簿上创建十一个画布，如图7.21所示。在大纲视图中，把所有章节创建好后，如图7.22所示。

图7.21　《工程项目组织与管理》第一章

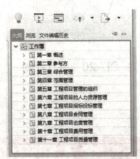

图7.22　《工程项目组织与管理》第二章

（2）第一章是概述，所以"第一章概述"作为中心主题，也作为画布的名字，而第一章分为四小节"1.工程项目管理；2.基本原理；3.管理模式；4.发展趋势"，作为二级主题，如图7.23所示。

图7.23　第一章概述

（3）继续往下走，可以根据书本的知识点一级一级地绘制，最后归结为很多的知识点，这里就不展开讨论了，关键是告诉大家方法，如图7.24所示。

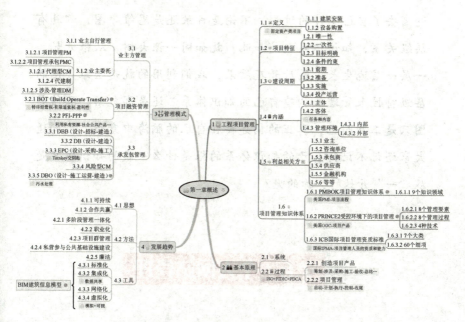

图7.24　第一章知识点思维导图

（4）同样，切换画布，绘制第二章、第三章，直到整本书所有的知识结构都在一个工作簿中绘制完成，这本书的知识体系也就构建完成了，如图7.25所示。

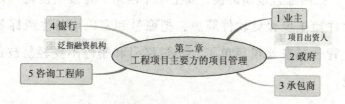

图7.25　第二章主要内容思维导图

小结：

大家可能觉得我只是把一本书的目录绘制出来而已，其实一本书的目录就是作者在自己脑海中构建的知识体系，我们只不过省去了自己构建的过程。不论是目录还是思维导图，都具有层级关系，知识体系也是如此，就如同一棵大树，从根开始，一层一层地生长，最后开花结果，我们利用的就是思维导图的层级特性来管理和构建自己的知识体系。还是那句话，思维导图只是工具而已，真正的构建要在自己的脑海中完成，不知道大家还记不记得自己的知识体系的根是什么？我的知识体系是从"一"开始的，你的呢？

7.6　个人网站管理

在信息时代，互联网已经成为我们的生活日常不可或缺的组成部分，我们无时无刻不在上网，众多的网址和账号密码要如何管理呢？当然是交给思维导图了。Xmind有一个超链接的命令，把网址直接超链接，要上哪个网站，直接点击就可以了（软件操作步骤见软件篇），把账号和密码用备注或标签写好，管理起来就很简单了，不过账号和密码不要轻易被别人发现。

（1）中心主题最具有表达意义的，自然是"网站管理"了，如图7.26所示。

图7.26　网站管理中心主题

（2）创建好中心主题之后，就对网站进行分类管理，我常用的网站主要分为五个大类，分别是资源搜索、文献查找、社交平台、学习提升和图片素材，这些作为一级主题，大家也可以根据自己的喜好来分类管理，如图7.27所示。

图7.27　网站管理一级主题

（3）从我的分类也可以看出我上网的目的，我收集了很多查找资源的网站，可以方便我找到各种资源，不论是论坛还是网盘。还有最重要的是查找电影资源，因为很多小众电影资源你不会搜索的话，你可能有钱也买不到。我上网的另一个目的是看论文，这与我专业相关，所以有很多论文查找的网站。还有就是处理图片或者找图片素材，所以专门分了一个类，也有自学类的网站，反而不太喜欢逛社交平台。如图7.28所示。

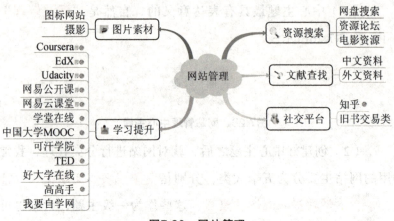

图7.28　网站管理

（5）主题名就设置成网站的名字，并且可以备注上一些基本信息，诸如网站的简介、账号、密码等，后面用超链接输入了网址，要打开某个网站直接点击就可以了。

第8章　思维导图在职场中的应用

　　思维导图不仅可以用于个人，也可以用于职场，用来帮助我们进行项目管理、做市场分析、决策。对于我个人来说，我喜欢用它来管理各种国家标准，以便查找，具体怎样实现，一起来跟着我学习吧！

8.1 项目管理

在第7章重点介绍了"项目学习法",其实只借用了项目的特性,并不是真正的项目。因为一个项目涉及很多的东西,到了工作中就要面临真正的项目,项目管理是比较系统和复杂的,而我们用思维导图能够合理清晰地进行项目管理。

(1)中心主题很显然就是"项目管理",当然,在工作中要具体到某个项目,我们这里做模糊处理,如图8.1所示。

项目管理

图8.1 项目管理中心主题

(2)对于一个项目来说,就是有计划地去调动各种资源完成某一个目标,从创立项目、对项目进行评估、分析和可行性研究,创立项目后要有合理的项目计划对项目的跟进做出管理。在管理项目时就要考虑目标的制定、资源的整合、任务的分配、人员的安排、项目的跟进、风险的评估等。

我们这里主要考虑目标、资源条件、任务进度安排、实际进度、风险和任务相关信息,作为一级主题,如图8.2所示。

(3)就我的工作而言,我们立一个项目的目标是开发一款新车型,我们在立项之初就要充分调查市场,了解各种信息,将调研情况给老板看，老板拍板后给出资金，项目正式成立，然后就需要安排相关人员开始项目开发。对于一个项目来说，最主要的资源条件是资金、信息和相关人员，这也是项目能够进行下去的必要条件。所谓"相关信息"是关于这个项目整个构成的一个简要叙述，包括项目经理、团队成员、项目介绍、关键利益者和背景介绍，如图8.3所示。

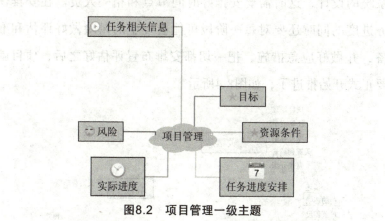

图8.2 项目管理一级主题

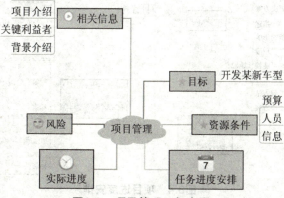

图8.3 项目管理二级主题

（4）目标、资源条件和相关信息是对项目前期准备的管理，当准备工作做完后项目就正式开始了。开始的时候，需要对项目做一个任务的安排，这个时候需要分阶段进行细化，比如说我们开发新车型第一阶段是整个车的总布置，第二阶段是底盘、车身和电气的总布置，然后到第三阶段开始具体到各个系统的设计，这时需要安排好时间节点和相关人员。在安排任务进度的同时还要对每一阶段可能会发生的风险做好评估和准备，并做好应急措施，把一切都安排布置评估好之后，项目就要正式开始推进了，如图8.4所示。

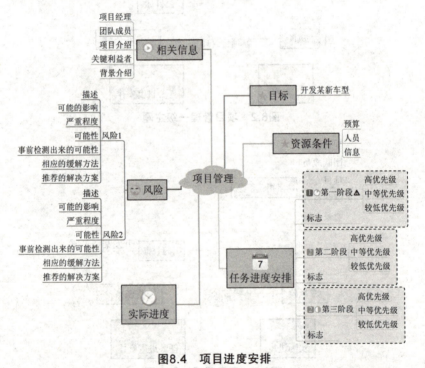

图8.4 项目进度安排

（5）在项目推进的过程中需要跟进实际的任务进度，并做好任务进度对比，根据实际情况做出调整，如图8.5所示。

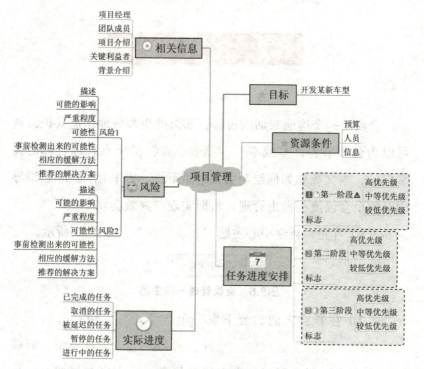

图8.5　项目实际进度

小结：等到项目完成后，要对成果进行验收，验收合格后，项目完成。这就是一个完整的项目流程，用思维导图可以很清晰地把这个流程梳理出来，对比我前面讲到的"项目学习法"会发现"项目学习法"缺少项目风险评估和人员调度安排，但都是整合各种资源完成一个小目标，大家好好体会，想想如何高效率地学习，为达到这个目标可以做出怎样的安排。

8.2 会议管理

会议是一个沟通对话的过程，如果能更高效地达成共识，就可以为公司节省许多成本。"高效会议"是所有管理者都需要掌握的，本文教你如何绘制会议思维导图，及利用Xmind思维导图对整个会议流程做出管理，从而实现"高效会议"。

（1）首先，新建中心主题"会议管理"，如图8.6所示。

会议管理

图8.6　会议管理一级主题

（2）在开会之前，要下发一个会议通知，包括开会的地点、时间、目的和参与者，并且有简单的会议背景介绍。要确保把这个通知下发到每一个会议参与者，让大家都知道会议的时间和地点，能够按时参加会议，还可以把会议的进程也写好，一并发出。

会议进程可以从两方面来写，一个是发言人，并把发言人的时间节点设置好，或者从议题来写，这个议题是会议讨论的主题，而这个主题可能是对于近期所进行的项目的一个沟通和讨论，把行动项目的框架搭好，包括负责人、目的、问题、进程等，在会议上做出具体的汇报和讨论，如图8.7所示。

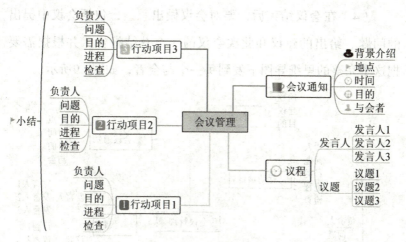

图8.7 会议管理

（3）在开会的时候，具体记录各个项目负责人所汇报和讨论的相关项目的问题、进程等，记录好相关的建议和想法，如图8.8所示。

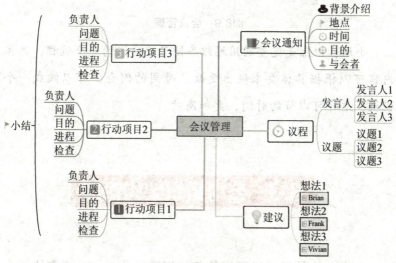

图8.8 会议管理

（4）在会议结束后，要对会议做出总结，包括会议中提出的问题、给出的建议和此次会议的一个总结报告，并根据需要把这个完整的思维导图下发到每一个与会者，如图8.9所示。

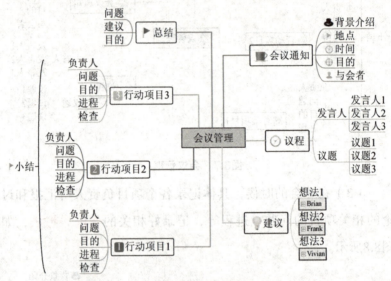

图8.9 会议管理

小结：以上是完整的用思维导图管理会议的一个流程，具体内容可以根据具体要求做出更改。每周的例会，可以做成一个模板，这样可以节约时间，更加高效。

8.3 公司组织架构管理

组织架构是指对于工作任务如何进行分工、分组和协调合作，表明组织各部分排列顺序、空间位置、聚散状态、联系方式以及各要素之间相互关系的一种模式，是整个管理系统的"框架"。而组织架构图则是体现这种组织架构的图。

组织架构图是最常见的表现雇员、职称和群体关系的一种图表，它形象地反映了组织内各机构、岗位上下左右相互之间的关系。组织架构图是组织架构的直观反映，也是对该组织功能的一种侧面诠释，我们可以用Xmind结构图管理好公司的组织架构，可以让新入职人员快速认识公司架构，而我自己常常用来管理人脉体系。

（1）中心主题是"某公司组织架构管理"，如图8.10所示。

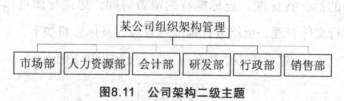

某公司组织架构管理

图8.10　一级主题

（2）一个公司会有很多部门，这些部门可以作为二级主题，比如某公司包括市场部、人力资源部、会计部、研发部、行政部和销售部等，如图8.11所示。

某公司组织架构管理

| 市场部 | 人力资源部 | 会计部 | 研发部 | 行政部 | 销售部 |

图8.11　公司架构二级主题

（3）下一级主题是该部门的人员，以市场部为例，绘制出该部门的所有人员，并用标签标注好职务，如张三，部门经理，其实我们管理公司组织架构最重要的意义在于能让员工彼此配合从而更好地完成工作，所以在个人信息下必须有该人的职务和联系方式，其他的信息可以视情况而定，如图8.12所示。

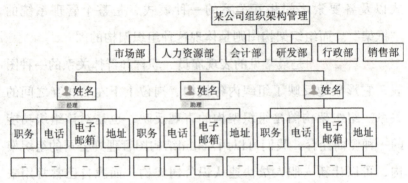

图8.12　组织架构管理

8.4　标准文件管理

由于专业原因，我在工作中要涉及大量的标准，如果不进行管理的话，找标准、查标准特别浪费时间，思维导图可以很好地进行文件管理，也能进行标准的管理，具体思路如下。

（1）建立中心主题是标准管理，如图8.13所示。

标准管理

图8.13　标准管理中心主题

（2）对于标准来说，主要分为国家标准（GB）、行业标准、企业标准和一些规范，如图8.14所示。

图8.14 标准管理一级主题

（3）每一个标准的标题作为主题的名称，并且用标签记录标准代号，每一个主题用超链接链接到该标准文件，需要时，只需要点击链接即可打开该文件（注意文件路径不能随意更改），如图8.15所示。

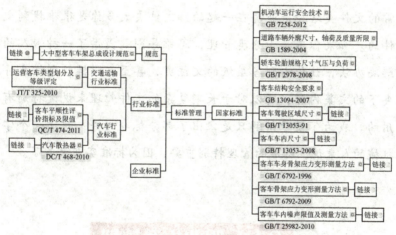

图8.15 标准管理

（4）我们还可以为每一个标准文件主题建立一个新画布，用来简要地记录该标准所包含的内容，如我们点击国家标准中的机动车运行安全技术标准的"T"型符，就会跳转到机动车运行安全标准的画布，在画布中包含了该标准的文件链接路径。点击即可打开该标准文件，如图8.16所示。

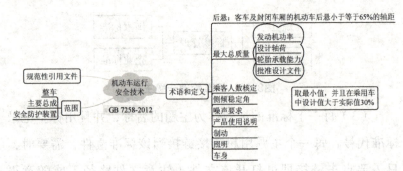

图8.16 标准管理

小结：我们通过思维导图实现了文件的可视化管理，按照通常的文件夹路径是嵌套在一起的，文件夹太多你是很难找到文件的。如果你不善于分类管理，思维导图就提供了一种懒人的解决办法，让你看到各层级的文件夹，甚至可以链接到该文件夹下的文集内容，所以对于长期复杂的文件管理来说是特别有用的。我为了便于讲解只是拿出了部分标准文件，对于一个学机械的人来说，标准的管理特别重要，因为标准实在太多了。

8.5　职业生涯规划

所谓："凡事预则立，不预则废。言前定则不跲（jiá），事前定则不困，行前定则不疚，道前定则不穷。"对于职业生涯也是如此，我们能够尽早地做出规划，才能更好地自我提升，让自己发展得越来越好。当然，自己的发展离不开公司的发展，所谓"女怕嫁错郎，男怕选错行"，在入行之前我们就要对行业及公司有一个认知，接下来我将用一幅思维导图来教你规划自己的职业生涯。

（1）中心主题是职业生涯规划，如图8.17所示。

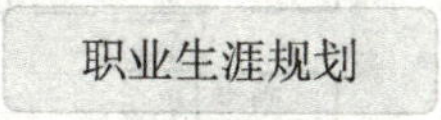

职业生涯规划

图8.17　职业生涯规划中心主题

（2）在求职的过程中，选行业和单位都很重要，那要如何选择呢？

大学本科毕业之后，有三种选择：学习、工作还是回家啃老。既然是职业规划，那我们来谈工作，工作分在本专业工作、不在本专业工作或者直接创业。很多人都会选择本专业，因为有专业基础，好找工作，不过找工作的时候，一定要记住一句话：个人的发展是在公司的发展基础上的，而公司的发展又是在行业的发展基础上的。如果觉得自己的专业不是自己擅长、不喜欢或者该领域开始衰弱了，那跳槽要趁早，转行也要趁早，选择往往比努力更重要。还有就是公司的选择，选定行业之后，就要选择公司，经常听到有人问是大公司好还是小公司好，觉得大公司做个螺丝钉没意思，想在小公司做鸡头，其实，这种想法是错的，一句话：选择公司就像选择大学一样，大公司就如同名校一般，你出来之后好找工作，这是一个品牌效应。选择哪一家公司，其实要比较的是薪资水平、个人发展和企业文化，在进入公司之前要多了解，一旦选择，要想回头会浪费很多时间和精力，如图8.18所示。

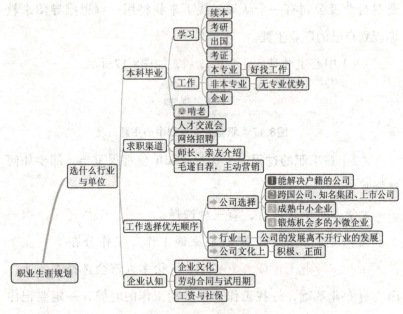

图8.18 行业选择

（3）做出选择之后，我们就要开始着手准备了，选择好了自己的发展方向后，得看看自己适不适合、有没有优势，对自己做一个准确的评估，主要从专业成绩、组织能力、特长和实践经验四个方面来评估。在找工作过程中，有些企业注重专业成绩，而有些企业则不看，不过专业成绩过硬代表着专业基础扎实，所以有奖学金、有证书一定要让HR知道，可能有些公司还会要求英语能力，其他的简略介绍即可，社会经验也要与公司对口，不过一般刚毕业的大学生没什么社会经验，更多的是实习经验；组织能力，很多HR都会看，也是他们筛选人的指标，不过社团谁都参加过，这个很容易写。

反过来，你也可以试着从用人单位的角度来考查你自己的能力是否能够适合一份工作，从而认识你自己，一般地，奖学金>专业成绩>证书>组织能力>实习经历>爱好特长，如图8.19所示。

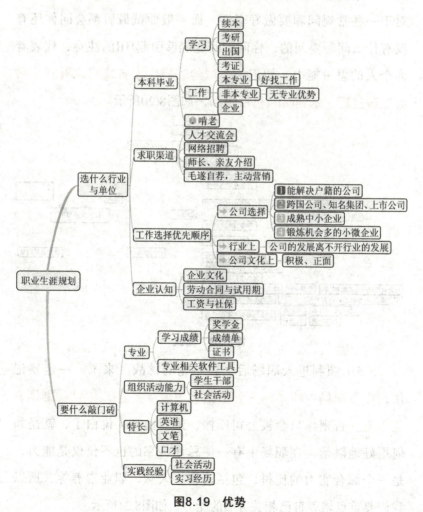

图8.19 优势

（4）之后就开始准备面试，首先要了解面试类型，分为一对一、多对一和集体面试三种类型。在面试前，我们一定要对所要面试的公司做一个了解，从而有针对性地组织好自己的语言，准备好简历和相关证件。在面试的时候，做好自我介绍，对于一些常规问题要做好套话，而一般面试最后都会问你还有没有什么问题要问的，你问的问题能够引起HR的注意，代表着你个人的思考能力。切记：面试的时候不要直接问薪资，等到面试通过后，拿到Offer再慢慢问，如图8.20所示。

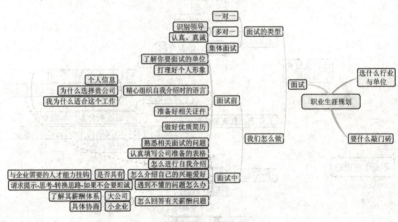

图8.20　面试

（5）顺利进入职场后，新一轮的挑战又来了，一定要记住，你在职场中所做的一切都是为了发展自己，让自己更具有竞争力，否则你只会被公司压榨，最后抛弃，说白了，就是如何更好地跳槽。在职场中有一些忌讳，靠的也不仅仅是能力，是一个综合实力的比拼，包括情商、人脉、职业素养等，所以我们要重点培养自己相关方面的能力，如图8.21所示。

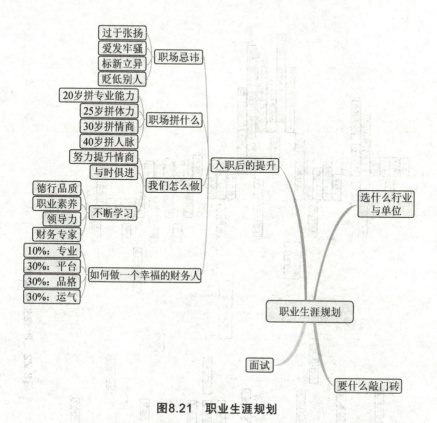

图8.21　职业生涯规划

小结：职业生涯规划越早越好，越清晰越好，如图8.22所示，天有不测风云，一切都在变化，这个时代没有铁饭碗一说，时刻给自己留条后路，不要拖家带口的时候才发现自己出了公司后啥也不会。

人为财死，鸟为食亡，作为职场菜鸟一定要记住：你只是个打工的，老板有很多。

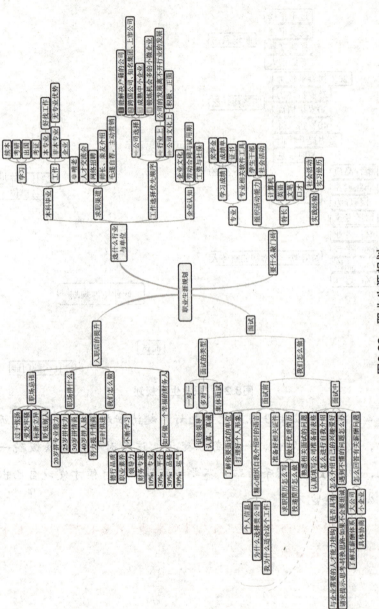

图8.22　职业生涯规划